WENTI JIEJUE
GAOSHOU

问题解决高手

周爱学 著

电子工业出版社
Publishing House of Electronics Industry
北京·BEIJING

内容简介

本书作者通过系统研究，对创新思维进行了独特定义，并系统性地提出了一套提升解决问题能力的方法，帮助读者在应对各种大小问题时，拓展思维广度，寻求更多可能性，最终更好地解决问题。

本书共分六章：第一章讲述了问题本质的分析，第二章介绍了利用各种资源解决问题的方法，第三章教授读者如何用创新思维拓展思考广度，第四章强调了解决问题如何结合实际才更有效，第五章分析了如何规避惯性思维等因素对思维的负面影响，第六章启发读者认识大脑的重要性，以及如何从生活方式的角度激发大脑的潜力。

本书涵盖了科技探讨、人文思考、组织战略、个人生活等各个领域，融合了历史素材和当代案例。文字通俗易懂，适合任何想要提高问题解决能力的人。

图书在版编目（CIP）数据

问题解决高手 / 周爱学著 . -- 北京：电子工业出

版社，2024. 7. -- ISBN 978-7-121-48228-1

Ⅰ. G442

中国国家版本馆 CIP 数据核字第 2024ZC2477 号

责任编辑：钱维扬

印　　刷：唐山富达印务有限公司
装　　订：唐山富达印务有限公司
出版发行：电子工业出版社
　　　　　北京市海淀区万寿路 173 信箱　　　邮编：100036
开　　本：880×1230　1/32　印张：8.75　　字数：336 千字
版　　次：2024 年 7 月第 1 版
印　　次：2024 年 7 月第 1 次印刷
定　　价：49.80 元

凡所购买电子工业出版社图书有缺损问题，请向购买书店调换。若书店售缺，请与本社发行部联系，联系及邮购电话：（010）88254888，88258888。

质量投诉请发邮件至 zlts@phei.com.cn，盗版侵权举报请发邮件至 dbqq@phei.com.cn。

本书咨询联系方式：（010）88254459，qianwy@phei.com.cn。

前　言

本书能解决什么问题？

大多数人是抵触"问题"的，因为问题往往意味着麻烦，意味着失败，让人产生负面的联想。但我们无法逃避问题，问题伴随着人类的发展历程，也伴随着每个人的一生。

关于问题的探讨，市面上已经有很多书了，本书的价值在哪里呢？

简单说，就在于用"创新思维"贯穿了全书。"问题"和"创新"其实是紧密相关的，问题是目标，而创新正是解决问题的过程。笔者对创新的定义是"挖掘和利用资源，用不同的方法，更好地解决问题"，因此，在书的主体部分，紧紧围绕着"问题""资源""不同""更好"等关键词去阐述与众不同的问题解决之道。

本书在阐述的方式上，没有深奥地讲解技术难题，也不广泛地探讨人际沟通，而是力图打通自然科学与人文科学之间的界限，寻找解决问题的底层逻辑。笔者近二十年来涉猎了与创新思维解决问题有关的广泛领域，包括TRIZ理论、可拓学、神经科学、脑科学、心理学、广告创意、设计思维、文学艺术、产品思维、项目管理，甚至家居收纳，等等。因此，叙述的视角多样，但主线明确，那就是"更好地解决问题"。在这个过程中，让思维穿行在不同的领域，并力图探寻其中的共同之处。同时，力求在某些话题上深入本质。例如，对逆向思维、灵感与直觉等内容，进行了细致深入的探讨；在问题的种类、生活方式等方面对思维的影响也提出了自己独到的见解。希望这种努力能够为读者带来价值。

本书立足于对问题本质的思考，探索如何从思维方式上寻求更佳的解决方案。但很遗憾，任何人不可能直接从本书中找到解决问题的速成方案或者直接答案。本书的价值在于让读者对解决问题的关键要素进行思考，学习用科学的自我认知来重塑大脑，学会如何思考，并通过对创新思维的了解，提升思维水平，为各种问题寻找更好的答案，提高工作绩效，提升生活幸福水平。

在本书中，某些近似的内容会出现在不同的板块中，其实并非重复，而是对同一现象的不同维度的思考。一些观点在深入时具有探索性，并努力提炼事物的本质，这可能导致理解上的困难，欢迎读者朋友积极反馈与交流。

由于笔者水平有限，本书必然存在一些疏漏之处，期待广大读者不吝指出。

笔者

2024 年春于深圳湾

在线上案例篇中，笔者提炼了苏东坡和马斯克的创新故事，希望能给大家带来启发。扫描下方二维码进行线上阅读。

目 录 CONTENTS

第一章

不了解问题是
最大的问题

▽

001

你想一辈子"放羊"吗？ 003

是什么出现了问题？ 005

你的问题是哪一种？ 008

发现有价值的问题 020

寻找问题的"真身" 026

创新的核心是解决问题 037

第二章

长袖善舞巧用
资源

▽

041

万物皆有用 043

影响力也是能量 049

在信息中寻找红利 053

别拿锤子只当锤子 061

时间，不仅要珍惜，还需要运筹 068

凭"空"也能创造奇迹 076

第三章

解决问题一定
要"想得开"

▽

081

为了更好，你必须不同 083

没有想象才不可想象 089

汽车＝四个轮子＋一张沙发 095

Hello Kitty 为什么没有嘴　106

麦当劳的成功不在于流程　116

眉毛和胡子不能一把抓　120

做人别学马嘉鱼　128

巨无霸和小不点　140

"抄作业"是门技术活　146

不可霸王硬上弓　155

限制反而是一种解放　160

"替身"的作用不容小觑　162

郭德纲教你破旧出新　167

从"左右为难"到"随机应变"　170

识时务者懂得放弃　172

第四章
站在地上才有诗和远方
▽
179

世界不是"我以为"的　181

停止尝试才是真正的失败　183

聪明人都有"模型思维"　186

无人赏识时不妨做个"忍者"　190

推翻"思维壁垒"　193

不要忽视"成功之父"　195

指引方向的万能公式　197

第五章

**高手要学会
"避坑"**

▽

209

可以从众但不可盲目　211

蒙哥马利VS赵括　214

尊重权威但不迷信　216

拒绝"标签化"　219

破除"不可能"的魔咒　222

不要迷失于"路径依赖"　226

直觉是个"两面派"　228

第六章

**问题解决高手
的自我修炼**

▽

231

你也是"亿万富翁"　233

好奇心是思维的肥料　236

多和"陌生人"说话　240

视觉化提高大脑效率　243

灵感可遇还可求　246

主动驾驭观察力，世界别有洞天　255

搬石头还是修教堂　261

让大脑永远处于"年轻态"　264

后　记　268

第一章

不了解问题是
最大的问题

本质上说，人类就代表了欲望，没有欲望也就没有我们人类如此光芒四射的历史和未来。在欲望中，我们演绎着真与假、善与恶、美与丑。如果要把欲望加以诠释，或许是：尚未得到我们想要的，或者得到的是我们不想要的。在这两种矛盾之中，就产生了无以计数的各种问题，等着我们去面对和解决。

你想一辈子"放羊"吗？

一位记者采访一个山里放羊的孩子：

"为什么放羊？"

"为了卖钱。"

"卖钱做什么？"

"娶媳妇。"

"娶媳妇干什么？"

"生孩子。"

"生孩子为什么？"

"放羊。"

这种"子子孙孙无穷匮也"的模式，可能会让人产生一种幻觉，似乎只要心无所求，我们就可以一辈子，甚至几辈子都与世无争、无所忧虑地放羊。或许，这算是一种乐天知命的躺平，也可以看作对"慢生活"的憧憬。只不过，抛开这种童话般的叙述，回到客观现实的层面，我们要知道，这种模式永远都只能是人类发展和人生经历的一个微小片段。世界总在变化，并且，变化的速度越来越快！无论是过去，还是现在，乃至将来，有两个字始终绕不开，总得去面对。

那就是——"问题"。

"问题"二字，常常在直觉上给我们带来负面的感受。因为它往往意味着麻烦的产生，总让人眉头一皱，心里咯噔一下。

为什么有问题？

根本上说，问题的产生是因为人类自身从不消退的欲望。

而欲望，简单来说，就是期望值和现状之间的差距。

为什么会产生欲望？是因为人类想活着，还想活得越来越好。

有人说，我躺平，没什么欲望，我就没有问题了。这种想法就好比上面故事里的放羊娃一样"单纯"。

佛学中提到的"无常"，有其深刻的哲理性，可以帮助我们更深刻地认识这个世界。

国学大师南怀瑾如是说："佛学为什么讲无常？因为世界上的事是没有永恒的。人的欲望，永远贪求永恒，想永远保持存在，那是永远不可能的，那是笨蛋，是看不清楚的人搞的。所以佛告诉你，积聚必有消散，崇高必有堕落，合会终须别离，那是必然的道理，这是大原则。这个世界随时都在变化，好的变化，坏的变化，连续不断。"

在这段话中重点提到了一个词，那就是"欲望"。本质上说，人类就代表了欲望，没有欲望也就没有我们人类如此光芒四射的历史和未来，在欲望中，我们演绎着真与假、善与恶、美与丑。如果要把欲望加以诠释，或许是：尚未获得我们想要的，或者得到的是我们不想要的。在这两种矛盾之中，就产生了无以计数的各种问题，等着我们去面对和解决。

想放羊的各位，醒醒吧，问题永远在，躺平不可能！

既然如此，我们就调整心态，认认真真来面对问题吧。

是什么出现了问题？

在对战类游戏中，如果对方像天兵一样从天而降，难免会让玩家时刻处于惶恐紧张的状态中，就算手里拿着枪，却不知道猎物在哪里，有一种"拔剑四顾心茫然"的无奈。如果我们能够有"上帝视角"，知道对方有几个人，大概会从哪些角落出来，心里有了数，就会更加有底气地去面对。

如果把问题当作游戏中要战胜的对手，那么知道它们的藏身之所就显得尤为重要了。毕竟，问题不是虚无缥缈的云烟，它们总是栖身于以下这些载体上：

其一，某种物。

果农看到今年的水果比较小，希望这个水果能够大一些。那么问题的载体就是这些水果。水果的某些特征，例如大小、色泽、甜度等指标，没有达到目标值，就成为了一个问题。

一辆新的电动车，电池续航350公里，对于某些用户来说，觉得这个公里数太少。那么在他们眼里，电池就是问题所在。

其二，某件事。

一个小伙子，今年在自行车比赛中取得了全市第二名，他希望明年能够取得第一名。那么在比赛中取得什么名次这件事就是问题的载体。

一位家长，被学校通知要参加家长会，但自己晚上要加班，那么，参加家长会这件事就是个问题。

其三，某个关系。

世间万物，互相之间存在着各种各样的关系。

例如，国家与国家之间存在着国际关系，可能是友好的，也可能是敌对的，或者不算友好但也不敌对。两个人之间，可能存在同事关系，而同事关系又分为上下级关系和同级关系。一瓶水和一个箱子存在位置关系，这瓶水可能在箱子内，也可能在箱子外。总之，不但关系存在很多种，而且这种关系的程度描述也不一而足。在这些大大小小的各种关系中，自然就有我们的期望值和客观情况不一致的情况，从而产生了各种问题。因此，事物之间的关系也是问题的载体之一。

其四，某个流程。

所谓流程，简而言之就是做某件事需要的步骤以及步骤的先后顺序。哪些步骤该有？哪些步骤该取消？哪些步骤在先？哪些步骤在后？哪些步骤可以同时进行？各种不同的步骤组合，会带来不同的办事效果。

我们常常会发现，去一些部门或机构办事，有些地方给人的感觉犹如行云流水，有些地方给人的感觉则可能是拖沓低效。哪怕是一个人在家做一堆家务活，也会因为采取了不同的流程，而带来不同的效果。我们常常希望能够把事情做得更加高效，就少不了去思考流程中可能存在的改进方案。因此，流程也是问题的载体之一。

以上所说的问题的四种载体，只是为了让我们能够对问题有比较具象的思考，这些载体并非泾渭分明，比如流程的问题，也常常是关系的问题，关系的问题也可能是某个事物自身的问题。之所以要对问题的载体进行大致的归类，是为了让我们对问题的分析和认识不再"雾里看花"，而是"一目了然"，知道问题针对的目标，是某物（广义上也包含了人）、某事、某个关系或者某个流程。

你的问题是哪一种?

还是以对战类游戏为例,我们在知道对方的藏身之所的同时,也需要知道对方属于什么角色类型。对待问题也是一样,我们需要了解问题本身有哪些类型。

从形态来说,我们要解决的问题,无非是以下四种类型。

第一种是亡羊补牢——补救型问题。这类问题主要是现实发生的情况没有达到预期要求,需要处理。

在路上,自行车胎爆了,我们不能继续骑行了,需要处理。

厨房里煮的汤溢出来了,浇灭了炉火,也弄脏了台面,需要我们处理。

孩子在学校与其他同学闹了矛盾,学校通知家长去沟通解决。

…………

这些都属于"亡羊补牢",是不希望发生的事情发生了,需要我们去补救。

补救型问题是最需要立即解决的问题。试想,如果羊都死了,还不知道去补救,就会导致失去更多的羊。这是一个再普通、再朴实不过的道理。

据说,亚马逊为了从客户的反馈中迅速锁定问题和解决问题,实行"按灯制度",即一旦有超过两名客户投诉同一产品的同一问题,无论该产品的销售多么火爆,给公司带来多大收益,客服都可直接将该产品下架，直到问题解决才会重新上架。同时，客服可以给客户免费提供新产品或者以优惠券等形式对客户进行赔偿，以表示歉意和感谢。

作为一种重要的管理理念和措施，"按灯制度"被很多企业所推崇，因为这样的制度重视发现问题、反馈问题并以最快的速度去解决问题。资料显示，这个制度的"祖师爷"是丰田汽车公司。

在丰田生产车间，任何发现生产线上问题和错误的人，都可以拉动一个开关，之后车间管理人员就会迅速到达现场查看问题，寻找对策，这也是被广泛学习的"丰田生产体系"的先进管理措施之一。

出现问题，解决问题，而不是视而不见、掩耳盗铃，这是一个最基本的态度。生活中有个俗语，说某些人"扫把倒了都不知道扶起来"，就是指明明看见问题而不处理，不知其可也！笔者大学毕业时，老师讲过一个故事：某单位面试应聘者，故意将一个扫把倒在应聘者必经之地，看看有谁会主动扶起它。这个故事是在提醒我们，不要对发生的问题视而不见。

第二种是防患未然——预防型问题。 解决这类问题又分为两个层次：首先是对可能发生的状况进行预防，尽量避免发生；其次，所要防范的状况一旦发生，我们要知道如何应对。

在个人生活的层面，有许许多多的事都是在避免各种不希望出现的状况发生。

天天刷牙，是为了不出现蛀牙。

汽车上安装雷达，是为了倒车时避免撞上周边物体。

台风天，不去室外危险的地方，是防止身体受到伤害。

做饭时穿上围裙是为了防止污渍弄脏衣服。

……………

对于企业来说，情况就复杂很多。避免犯错误没有那么容易，所以要投入更多的精力去分析和思考。这首先要具备危机意识。

多年前，任正非发表了一篇文章——《华为的冬天》。在那篇文章中，任正非说道："公司所有员工是否考虑过，如果有一天，公司销售额下滑、利润下滑，甚至破产，我们怎么办？我们公司的太平时间太长了，在和平时期升的官太多了，这也许就是我们的灾难。泰坦尼克号也是在一片欢呼声中出的海。而且我相信，这一天一定会到来。面对这样的未来，我们怎样来处理，我们是不是思考过。我们好多员工盲目自豪，盲目乐观，也许问题很快就来临。居安思危，不是危言耸听。"

"十年来我天天思考的都是失败，对成功视而不见，也没有什么荣誉感、自豪感，更多的是危机感。也许是这样才存活了十年。失败这一天是一定会到来的，大家要准备迎接，这是我从不动摇的看法，也是历史规律。"

"华为公司老喊狼来了，喊多了，大家有些不信了。但狼真的会来。今年我们要广泛展开对危机的讨论，讨论华为有什么危机，你的部门有什么危机，你的科室有什么危机，你的流程的哪一点有危机。还能改进吗？还能提高人均效益吗？如果讨论清楚了，那我们可能就不死，就延续了我们的生命。怎样提高管理效率，我们每年都写一些管理要点，这些要点能不能对你的工作有些改进，如果改进一点，我们就前进了。"

这种深沉的忧患意识和理性的思考，会让每个人乃至企业在思考未来时少一分盲目自信，多一些理性分析。正是这种看上去"悲观"的思考，会促使企业主动地、有针对性地改进诸多细节，提高企业在各个方面的稳定性和前瞻性。

德国哲学家海德格尔说"向死而生"，先把最坏的情况想清楚，再倒过来思考从生到死的每一次历程，从中去寻找改善的机会，最大可能避免错误的发生。

《像火箭科学家一样思考》一书介绍了一种预防型方法，叫作"事前验尸法"。这种方法在某个计划付诸实施之前就首先假定其失败了，然后分析其原因，采取对应的措施，最大化减少可能出现的问题，或者打上一个"补丁"，防止造成大的损害。

是不是做好了防范，就一定可以高枕无忧了呢？

在现实中，防范型问题对我们的挑战是非常大的。所谓百密一疏，很多具有极低概率的小事件，也可能在未来给我们带来损失。

有一个古老的寓言故事，叫作阿喀琉斯之踵。

荷马史诗中的英雄阿喀琉斯，是凡人英雄珀琉斯和海洋女神忒提斯的儿子。阿喀琉斯降生后，夫妇俩对他十分钟爱。预言说，阿喀琉斯成人后将成为伟大的英雄，他将参加特洛伊战争，特洛伊城会顺利攻陷，但阿喀琉斯也会战死沙场。母亲忒提斯为了让儿子刀枪不入、永远不死，将年幼的阿喀琉斯倒提着浸进冥河，使其拥有了不死之身。然而，由于冥河水流湍急，忒提斯捏住阿喀琉斯的脚后跟不敢松手，未被冥河水浸泡的脚踵便成为了阿喀琉斯身体唯一一处"死穴"。

长大后的阿喀琉斯容貌俊美,体格健壮,武艺超群。果真如预言所示,阿喀琉斯作为希腊联军的一员参加了特洛伊战争。在战斗中,阿喀琉斯英勇无比,所向披靡,是希腊联军的中流砥柱。他杀死了包括特洛伊王子赫克托耳在内的诸多特洛伊将领和不计其数的士兵,建立了赫赫功勋。

但阿喀琉斯难逃预言中也揭示了结局。在一次战斗中,特洛伊王子帕里斯为了给哥哥赫克托耳报仇,在支持特洛伊的太阳神阿波罗的指引下,用毒箭射中了阿喀琉斯的脚踵。不久,阿喀琉斯的四肢开始变得僵硬冰冷,随即便轰然倒地。

这则寓言故事揭示:防范措施再周全,也很难做到绝对,百密一疏的情况依然存在。哪怕是很低概率的可能性,或许都事关全局。

对于这种情况,美国的一名工程师爱德华·墨菲于1949年提出了著名的墨菲定律,核心内容是:如果事情有变坏的可能,不管这种可能性有多小,它总会发生。

2023年9月,超强台风苏拉朝着S市方向而来,全市严阵以待,最紧急的时候,全市停工停课、公交停运、公园关闭,各项关系民生的部门(如航运、电力等部门)也都严阵以待。后来整体还算平安度过,有一些树木倒塌,台风造成的损失不算严重。

没有预料到的却是几天以后,另外一个直接影响不大的台风"海葵"减弱后的环流,叠加季风等因素的影响,突然导致S市普降特大暴雨,市区旁水库罕见地超过极限水位,被迫开闸泄洪，最后导致了泄洪河道旁某片区严重洪涝。无数的街道和地下停车库被淹没，上百个小区停电，给当地居民造成了巨大的财产损失和生活不便。

S市的基础设施建设、政府部门的减灾抗灾措施一直是比较先进的。但还是遭遇了此次数十年未见的罕见洪涝，充分说明了预防型问题的重要性和艰巨性。

未雨绸缪，任重道远！

是不是为了避免概率极低的事情发生，就一定要通过不计成本的投入来加以防范呢？马斯克无论在特斯拉，还是在SpaceX，都在极限地压缩成本，有的时候他也会"赌"一把，如果某种不好的结果发生的概率非常低，他会放弃预防。

这个度如何把握？没有标准答案！完全需要当事人自己权衡利弊。防范措施不可能做到绝对的程度，究竟有多接近绝对，才要权衡利弊，审慎思考。

<u>第三种是锦上添花——提高型问题</u>。人为提高预期目标，使之高于现实状态，寻求更大进步，实现锦上添花。

在美国，一个雄心勃勃的年轻人到一家石油公司找到了一份工作，他的工作是简单而乏味的——操作机器给油罐封口。面对单调乏味的工作，年轻人很快就厌倦了，但迫于生活的压力，他不得不沉下心来，坚持工作。一天，百无聊赖的他发现，每个油罐都需要39滴焊接油来封口。"为什么是39滴？38滴可以吗？"这个想法让他一下子兴奋起来，经过一段时间的研究，年轻人发现，每次封口用38滴焊接油刚刚好。他把这一发现告诉了公司，就因为每次封口少用一滴焊接油，公司每年省下来的成本竟高达

5亿美元！这个年轻人就是日后赫赫有名的石油大亨洛克菲勒。这个故事带给我们的启示就是"百尺竿头更进一步"，永不满足现状才能实现好上加好。

乔布斯，一个真正改变过世界的人，在他的性格当中便有一种不断提高目标、永不妥协的精神。

1983年，在苹果公司即将推出麦金塔计算机的那段时间，所有的员工都在拼命加班。乔布斯每天在公司来回巡视，不断要求产品开发人员要不断改进，追求更好。有一天，他走近工程师肯尼恩的办公室，要看看麦金塔计算机的开机过程。在当时的条件下，启动操作系统，同时完成存储器测试以及其他初始准备工作，过程需要几分钟。乔布斯觉得太慢了，要求改进。肯尼恩的团队通过几个星期的努力终于缩短了一些时间，没想到乔布斯依然摇头。

大家陷入僵局，质疑的声音开始出现。

此时，乔布斯苦口婆心地讲了一个故事。他说，未来，苹果公司肯定会拥有至少五百万用户，假设他们每天打开一次计算机，每次开机时间如果能够减少十秒，一年下来，总共节约的时间等于十个人的一生，相当于十条人命。乔布斯鼓励大家，为了这十条人命，值得再拼一把！

在苹果公司，乔布斯正是这样不断超越自我，超越常规，将问题的目标尽量往前推，并鼓励团队全力以赴，从而创造了一个又一个奇迹。

乔布斯的伟大很大程度上在于，他不断超越自我，更超越世界。他不是简单追求满足消费者，他认为"消费者想要什么就给他们什么"不是他的思考方式，企业的责任应该是提前一步搞清楚消费者将来想要什么。正是这种理念驱使他不断让产品向伟大的方向进步。

日本东京银座办公大楼的地下室有一家寿司店举世闻名，世界各地无数食客慕名而来，只为品尝"寿司之神"小野二郎的寿司。

这位被称为"寿司之神"的小野二郎是一位出生于1925年的高龄老者。当年，在他学习寿司制作技术的时候，别人告诉他，寿司已经发展多年，口味和制作工艺都已经非常成熟，只要承袭即可。但小野二郎却不这么认为，他觉得寿司依然可以更好。

除了追求更高品质的食材，在制作上，小野二郎不会满足于重复一贯的做法。比如，为了使章鱼的肉质更加鲜美，他会仔细研究按摩章鱼的时间是30分钟还是40分钟。

不仅仅是制作寿司，在对待客人时，他也是从细节出发，每一粒寿司做成之后被摆在筷子顺手的位置便于客人夹取，不多不少的山葵和酱油，使得简单的用餐也变成一种享受。客人如果是左撇子，小野二郎则会体贴地将寿司的位置倒换，便于客人用左手就餐。

所以，虽然小野二郎的餐厅外观朴素，甚至有点寒碜，但一位难求，需要提前一个月订位，每餐限时15分钟，人均消费数百美元，吃过的人还是会感叹，这是"值得一生等待的寿司"。

通过以上几个案例，我们发现，无论是洛克菲勒的无聊，还是乔布斯的苛刻，以及小野二郎的精进，都是不满足现状、不断超越自我精神的生动体现。在原来已经很好的基础上再推进一点点困难极大，追求精益求精、日臻完美的这份坚持，殊为难得。

提高型问题实际上可分为两种：一种是基于原有事物的渐进式提升；另一种则是跳出先前的路线，以另一种形态不断提高，以实现最终效果的提升。

第一种渐进式提升，我们形象地称为"缝缝补补"。这种方式是在原有事物的基础上持续改进和提升。然而，任何事物最终都会遵循产生、发展、持续和下降的大致趋势，因此，渐进式提升具有局限性。这种趋势被称为事物发展的S型曲线。

而第二种提高型方式，我们形象地称为"另起炉灶"。一开始，这种新兴事物可能起点较低，但随着时间的推移，逐渐发展和提高，在某个节点实现了对旧事物的超越和替代。这个新事物也会遵循产生、发展、持续和下降的过程，相对于S型曲线，这个过程被称为"第二曲线"，如下图所示。

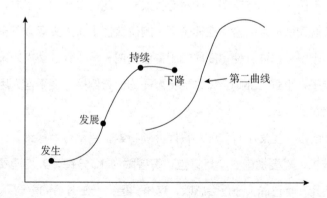

我们的世界不断被无数个"第二曲线"推动向前。因此，"第二曲线"代表着更具有革命性的创新，意味着问题解决方案

颠覆式进步。

以交通工具为例，马车经历了漫长的发展历程。而在汽车刚刚被发明时，从速度、维护到成本等多个方面未必有优势。如果将马车的发展视为S型曲线，那么汽车的发展则代表着"第二曲线"。尽管汽车最初的优势并不能全面碾压马车，但作为一条全新的技术路径，在经过一段时间的发展后，最终取代了马车。

第四种是了解未知——探索型问题。

很多时候，人们并没有特别明确的目标，只是为了探索未知，从未知到已知，将头脑中的疑问一点点消除。人们无意中发现的某种奇特的现象、原理或者物质，说不定就能带来解决某种问题的办法。这就好像大多数时候我们会因为一把锁打不开而去找钥匙，而有时候则是四处溜达，去寻找各种钥匙，等有机会的时候再去寻找这些钥匙可以打开的锁。进入人类视野的很多事物，在最开始的阶段似乎并没有实际的作用和意义，是人类的不断探索，发现了更多的使用边界。比如放射性元素，人类通过持续研究，逐渐了解其特性，接着基于这些特性才实现了对放射性元素的利用。电脑在被发明的初期也是如此。

1958年，卡内基梅隆大学购入了第一台IBM的电脑，但各个学科的教授都不知道这个新生事物能对自己的研究有什么帮助，都懒得去碰它，于是这台电脑被放到了商学院的地下室。好在，不少年轻的学生出于好奇心，都去摸索这台电脑，慢慢地发现了一些使用方法。

具有好奇心是人类的一个基本特征，我们希望能够对世界的机理有更多的了解。在这个过程中，我们就会有许多发现，从古到今无数的自然现象、社会现象，以及相关的各种规律，都是通过探索而形成了新的认知，而这个结果又反过来影响人类的探索能力。所以，探索未知，从未知到已知，再到新的未知，这种探索帮助人类解决了很多问题，也实现了很多跨越式发展。

在注重实效的今天，为什么基础研究还非常重要？知名的火箭专家劳布恩说过："所谓基础研究，就是我不知道我在研究的是什么。但尽管如此，基础研究的成果，让我们能够知道更多未知的东西，了解更多的事实，发现更多的规律，很多成果都会在后续产生价值。"

土耳其Arikan教授的一篇数学论文，十年后变成5G的"熊熊大火"；20世纪60年代初，苏联科学家彼得·乌菲姆采夫发表的一篇《钻石切面可以散射无线电波》的论文，帮助美国于20年后造出了可以"隐身"的F22战斗机；20世纪50年代，中国科学院吴仲华教授的三元流动理论对喷气式发动机的等熵切面计算法，为今天的航空发动机产业奠定了基础。

结构生物学家颜宁在专业上取得了丰硕的成果，当别人问她那些研究成果究竟有什么用时，颜宁回答说："我们现在做的确实很基础，也许这一辈子都没有用，但也许过多少年就有用了。就比如'波粒二象性'这么基本的东西，最开始也没有人去想它有什么用啊，但是到现在为止，多少应用都是跟它有关系的。"

对"不知道在研究什么"给予大力支持的，华为堪称榜样。任正非曾经说过："科学发现、技术创新中最主要的是宽容。领导经常会问，最新进展怎么样了，你们研究成果有什么价值，能创造多少GDP？科学家要么说不出话，要么只好说违心的话。

当科学家过多关心应用、关心价值，他的锚就锚在地上了，怎么飞得高？科学的道路是漫长的、孤寂的，多少代人孜孜不倦地努力，才发现一点点真理。只有戏剧作家，才会写出科学家既会弹钢琴又会魔术般地出成果这样的剧本。我们要耐得住科学家的寂寞与无奈。就如我司的5G Massive MIMO项目，起初没有人认同，搞了八年终于成功上市，成为核心竞争力。又如，2G与3G之间的算法打通，没有公司莫斯科研究所的小伙子安德烈默默无闻的几年，没有宽容，就没有华为的无线成功。"

伟大的公司之所以伟大，就是因为它不仅仅满足于眼前的苟且，而是将目光投向广阔的未来，在探索中从未知走向已知，带动着一个个问题的破解。

当然，对于个人，亦是如此。

发现有价值的问题

孔子说"每事问""疑是思之始,学之端",脑袋中始终装着一个大大的问号,才是一切进步的起点。

1945 年,格式塔学派心理学创始人马克斯·韦特海默指出:在伟大的发现中,最重要的往往是某个问题的发现。设想、提出创造性的问题总是比解决问题更重要,能取得更大的成就。

有些问题是显而易见的,而有些问题则是隐藏在云雾中的花朵,不主动去寻找,就难以发现。甚至,有些问题纯粹是人为"制造"出来的,通俗地说就是"没事找事"。下面我们来探讨一下,如何发现有价值的问题。

事出反常必有妖

出现问题的时候,常常会有一些反常的苗头出现。如果能够及时逮住这些苗头,就有机会知晓问题的发生情况,从而进行处理。地震之前往往都会带来天上云彩的变化,也就是常说的"地震云",人类周围的一些动物,比如鸡、鸭、鱼、狗、猫,也会出现一些反常的举动。这些都能够提供信息,让我们提前判断地质的变化。

"9·11"事件之前,美国国家安全局有一名特工发现了一个现象:几名阿拉伯男子正在偷偷学习开飞机,但并不想学起飞和降落,而这却是飞行员最重要的技能。特工认为这里面必有蹊跷，立刻汇报给总部，但总部上司却认为这是一种个别现象，不用多虑，从而错失了一次避免灾难的机会。

因此，当我们发现周围出现了一些和往常，或者和正常情况不一样的事情时，不要视而不见，可能的话，不妨多思考一下，为什么会出现这种异常。

一江春水何处流

我们不可能完全预测未来真正的走向，但"人往高处走，水往低处流"，事物的发展往往存在一定的规律和方向。如果我们能够对事物的发展趋势多加研判，就能在防范风险和利用机会两个方面提高一定的可能性。

笔者曾经就职于一家报业集团，作为曾经的主流媒体，最巅峰的时候，广告总收入仅次于中央电视台。但是，随着互联网尤其是移动互联网的发展，人们获取信息的方式逐渐发生改变。最开始的几年（2005年到2010年）颓势显现。从2010年开始，集团广告收入开始呈现"断崖式"下跌。到如今，曾经如日中天的传媒大集团，其广告收入甚至不如一些"小小的"自媒体，让人不禁感叹变化之巨。

在这股巨变的洪流中，所有的人都知道未来发展的方向。但当时报业集团的管理层非常保守，没有积极直面新趋势革故鼎新，而是沿用一贯的落后管理措施对业务一线人员进行高压摊派，试图保住广告经营业绩，一直到无力回天的时候才发现错失了战略布局的机会。

这不是个别现象，全国的传统媒体，真正能够提前布局，做到成功转型的实属凤毛麟角。

在这些媒体从业人员中，也有不少人看准趋势，当机立断放弃原有岗位，走出舒适区，利用之前的资源开展新的媒体业务，获得了巨大的成功。

及早研究趋势并采取对策，不但能够避免损失，还能够创造一些有利于自己的机会。例如，对于这些年出生人口逐年下降的趋势，我们可以判断出在未来若干年里，从幼儿园到大学各个阶段的学位将产生大量富余。那么，在学校建设、师资安排等方面就应该预先做好安排。

当然，趋势有时也可能很难把握。

多年以前，平板电视有液晶和LED两大主要路线。因为两种路线各有利弊，所以那时不但消费者不知道究竟选择哪种产品更好，就连厂家的产品战略规划何去何从都难以抉择。

这些年，新能源汽车的发展如火如荼，但在具体的路线上，依然存在着诸多选择，比如纯电动还是混动？混动中又有强混、弱混、插电混动、增程式等，谁能胜出，现在还真难一锤定音。

把握趋势，谁也不敢说胜券在握。其中充满了不确定性，但未来本来就是不确定的。永远不要漠视趋势，就像在心中永远要有"诗和远方"。

不满足是向上的车轮

只有不满足现状，才会促使我们去思考如何更好，才会发现新目标，产生新问题。

看看快速成像相机品牌宝丽来给我们的启示吧。

埃德温·兰德有一次在带家人度假的时候，给3岁的女儿拍照，女儿好奇地问："为什么我不能马上看到照片？"这个问题让埃德温·兰德开始了思考，对啊，为什么不呢？于是，他开始思考如何打破陈规，实现"马上看到照片"这一目标，这就是宝丽来相机的由来。

从1946年到1986年的几十年间，宝丽来共卖出了1.5亿台相机，耗材更是不计其数，甚至在如今数码相机成为主流，手机摄影唾手可得的情况下，这种相机依然带着时尚的光环，出现在各大商场的橱柜里。

大多数人习惯了某个现状，就默默地接受它，而少数人不满足于现状，大胆提出更进一步的设想。往往就是这种设想，推动了技术的发展。这或许就是：没有最好，只有更好。

为了克服对现实的妥协，我们不妨学习"鸡蛋里面挑骨头"的精神，来启发自己寻求更好。有一种方法叫作希望点列举法，这是一种不断地提出各种希望，进而探求解决问题和改善对策的方法。这种方法能够从细节上对事物不断进行完善，努力朝着"完美"的方向发展，以求做得更好。

正如稻盛和夫所说：在每天的工作中，应该经常思考"以往的做法究竟好不好？"应该寻找更好的办法。今天比昨天好，明天比今天好。不断对自己承担的工作进行改进改良，这也是阿米巴经营的基本要求。

小题大做大有文章

某些看起来并不重要的小问题，可能蕴藏着颇有价值的"大问题"。

核磁共振成像设备是医学上的重大发明，从技术角度来说取得了很大的成功，能够解决医学上的很多问题。但通用电气的高级工程师Doug Diez，在医院对GE生产的核磁共振成像设备进行例行检查时，看到了让他吃惊的一幕：一个小女孩在接受检查时被吓哭了，她对CT检查非常害怕。经过向医院工作人员询问，Doug Diez了解到医院中近80%的儿科患者需要服用镇静剂才能完成CT检查。对孩子们来说，神秘的CT机意味着"未知的恐慌"。对于一个工程师来说，Doug Diez只要确保机器功能正常，就已经完成自己的职责了，但他具有敏锐的观察力和强烈的同情心，使他能够站在这些儿科患者的角度去发现问题，并积极地寻找解决方案（他最终是如何解决这一问题的，我们留在下文介绍）。能够发现一些小众群体的痛点，"小题大做"，便是发现问题的一种途径。

透过这个案例，笔者也在思考，为什么人文素养对推动人类文明有重大意义？因为对许多搞产品研发的工程师来说，最终还是要面对人的问题，所以，如果一个工程师能在工作中加入对人类的爱，无疑能够提升其工作成果的层次。

2021年，笔者曾在某地级市的妇幼医院讲课，也问询了他们对于儿童的CT检查中遇到抗拒情绪是如何处理的，结果依然悲观，大部分医生、护士还是需要给孩子打镇静剂或者让孩子父母或亲属按住孩子、连哄带骗才能达成目的，小孩的心理抗拒并没有得到有效的安抚。可见，我们在很多"小问题"的处理上，还有很大的改进空间。

你的事就是我的事

看问题的立场也很重要，是只扫自家门前雪，还是也能看看他人瓦上霜？这决定了一个人发现问题的视野和能力。

在中国电信基础建设的早期阶段，很多设备的电线容易被老鼠啃咬，而在山区和沙漠地区，该问题尤为突出。对于这一问题，当时占据市场优势地位的那些国外设备提供商，并没有重视。他们认为，这并不是自己的设备质量问题，而是客户没有妥善管理，老鼠啃咬属于外在因素，所以将责任推给了客户一方，简单说就是"这不是我们的问题！"

华为当时还是一家非常年轻的公司，但为客户解决问题的理念却非常清晰。他们认为客户遇到问题，公司应责无旁贷充分重视并协助解决。华为针对这种情况，对电线进行了改良，降低了被老鼠啃咬导致设备损坏的概率。华为正是在这种急用户之所急的思想指引下，为用户解决具体问题，逐步得到了用户的信赖。

这个案例充分说明了发现问题，并且换位思考，努力寻找解决方案的重大意义。

寻找问题的"真身"

如前所述，尽管我们可以发现、挖掘、预判很多表象上的问题，但是展现在我们面前的问题就真的是要解决的那个问题吗？

且慢！

爱因斯坦说过这么一段话：如果给我一个小时解答一道决定我生死的问题，我会花55分钟来弄清楚这道题到底是在问什么，一旦弄清楚了它在问什么，剩下的5分钟足够解答这个问题。

也许有人会说，有问题就赶紧解决问题，还要费那劲确认问题的"真身"？爱因斯坦为什么要花55分钟来确认问题呢？

彼得·德鲁克在《管理的实践》中说："最重要、最艰难的工作从来不是找到正确的答案，而是问出正确的问题。因为世界上最无用甚至最危险的情况就是，虽然答对了，但是一开始问错了。"

著名思想家杜威也说过："一个良好的问题界定，已经将问题解决了一半。"

如何对问题进行分析呢？这里我们提供一些常见的思维方式，可以帮助大家不被表面现象所迷惑，发现问题的实质所在，而且分析问题的过程往往伴随着解决方案的产生。

打破砂锅问到底

有一次，丰田汽车公司前副社长大野耐一发现一条生产线上的机器总是停转，原因是保险丝又烧断了。虽然保险丝每次都及时更换，但用不了多久又被烧断，这严重影响了整条生产线的效率。

大野耐一敏锐地意识到，保险丝容易烧断应该并不是真正要解决的问题，不断更换保险丝并没有解决根本问题。于是，大野耐一与工人进行了以下一番对话。

一问："为什么机器停了？"

答："因为超过了负荷，保险丝就烧断了。"

二问："为什么超负荷呢？"

答："因为轴承的润滑不够。"

三问："为什么润滑不够？"

答："因为润滑泵吸不上油。"

四问："为什么吸不上油？"

答："因为油泵轴磨损、松动。"

五问："为什么磨损了呢？"

答："因为没有安装过滤器，混进了铁屑等杂质。"

经过连续五次追问"为什么"，才找到问题发生的真正原因，解决的方法是安装过滤器。

这就是在管理学上非常著名的"五问法"，是一种通过连续提出问题来确定问题发生的根本原因的方法。"五问法"后来成为丰田汽车公司成功的重要法则之一，被称为"丰田科学方法的基础"。即使是基层员工遇到问题，也必须填写"五问法"的表单，每一次提问都要有相应的回答。最后，就可以找到问题的根源，给出解决方法。

如果我们没有这种追根溯源地发掘问题的精神，就会像以往一样，换根保险丝草草了事，没有刨根问底，真正的问题就不能被发现。所以在分析问题的时候，需要大力弘扬"打破砂锅问到底"的精神。

"五问法"是一种探究问题本质的精神，在实践当中，我们并不需要刻板地要求必须问五次，有时会深究不仅仅五次，有时可能问一次就发现根源了。

"五问法"的精髓是针对一个线索顺藤摸瓜。有些问题可能涉及多个原因，思路要尽可能发散一些，避免遗漏。

克里斯坦森在《创新者的基因》中提到，他们的团队开发了一种叫作"问题风暴"的议事程序，帮助团队对问题进行全方位的透视，具体做法是针对难题或者挑战，要求写下至少50个问题。这些问题类似如下：

情况是什么？是谁？什么时候？什么地点？什么方式？原因是什么？为什么要……？为什么不……？如果……会怎样？如何可以做到……？通过这种360度的立体剖析，原有的问题就会更加清晰，就更容易寻找到问题的本质，在这样的分析过程中，不仅把问题搞清楚了，往往很多时候连答案也都随之涌现出来了。

上文提到过"按灯制度"。这个制度确保了及时面对问题的态度，但仅仅"按灯"是不够的。毕竟，问题到底是什么，需要抽丝剥茧。

某一次，由于接到相关的投诉，亚马逊一本畅销书被客服人员通过"按灯制度"进行了下架处理，仓储物流部门和采购部门就针对这个问题进行溯源和思考：

- 客户为什么投诉？因为这本书的第100到第101页之间没有裁开。
- 为什么残次品会进入仓库？因为跟供应商签订的合同只有1%的抽检率。
- 为什么我们要制定成1%的抽检率？因为现在的行业标准就是这样的。
- 有没有更好的办法可以保证产品送货之前是100%符合标准的？
- 除了这本书以外，其他的产品线跟供应商签订的合同中还有没有类似的问题？
- 如果有，我们应该怎么改？改成什么样子？为什么？

通过对发现的问题进行"鞭尸"一样的反复"抽打"，找到问题产生的根源到底有哪些。

如果实在不知道如何扩展，至少也可以从客观方面和主观方面两个大的方向去思索。

一所学校的食堂，有段时间经常出现大量扔弃馒头的现象，校长知悉后没有简单定义为学生不爱惜粮食，而是去学生中调研，探寻真正的问题症结在哪里。通过询问才知道，馒头的大小不合适，很多学生一个吃不饱，两个又吃不完，吃不完的即使带回宿舍，也很容易变硬无法再吃。所以很多同学是迫不得已才把吃不完的馒头直接扔掉。

校长了解到真正的原因以后，一方面要求加强珍惜粮食的宣传教育，另一方面让食堂将馒头做得更小一些，让同学们按需购买，从而大量减少了扔弃馒头的现象。这就是从主观和客观两个方面去发现问题和解决问题。

接着介绍一个反面案例。

曾经有一家大型企业，在自己的总部大楼孵化了一家互联网公司。这家企业的大堂富丽堂皇，有豪华的接待大厅，大厅中配备了很多沙发。于是出现了一种现象，每逢中午，就有很多互联网公司的员工，跑到大堂的接待大厅休息。他们穿着休闲的T恤，甚至有些还穿着拖鞋。企业的相关领导看到这种现象非常恼火，一个电话打给互联网公司负责人，斥责这些互联网公司的员工影响企业形象，互联网公司马上发了一个通知，禁止员工中午到接待大厅休息。

这是一种非常简单粗暴的做事方式。相关人员并没有采取因果分析的思路去思考，而是头痛医头脚痛医脚。这种做事方式在我们众多的企业当中，甚至在家庭当中，普遍存在，很多问题没有得到最好的解决，归根结底是我们处理问题的方式不对。

当时在这家企业，互联网公司的办公条件非常艰苦，甚至因为刻意学习所谓互联网行业的流行风格，所有的办公桌都采用开放式的长条桌，十分拥挤。没有一个很好的午休条件，自然许多员工就选择到接待大厅休息。而那家企业总部的办公人员，普遍都是宽敞的单人卡位，自然"饱汉不知饿汉饥"，无法体谅别人的难处。如果相关人员能够去做做调查，思考一下原因，不难找到更妥当的解决办法。在那栋大楼里，有很多空余房间，安放一些座椅或者折叠床，为互联网公司员工中午休息提供保障，有堵也要有疏，何乐而不为？

我们再重新回到因果分析的主思路中。

在进行因果分析的过程中，要防止将关联现象错误地当作因果关系。如果我们观察到，每次出现A现象，就会产生B现象。我们不能简单就归结为A是B的原因。让我们来看一个故事。

有一天，美国通用汽车公司的客户服务部门收到一封客户投诉信，上面是这样写的："这是我为了同一件事第二次写信给你们，我不会怪你们为什么没有回信给我，因为我也觉得我这样做，别人肯定会认为我疯了，但这的确是一个事实。"

"我们家有一个传统的习惯，就是每天在吃完晚餐后，都会以冰激凌作为我们的饭后甜点。由于冰激凌的口味很多，所以我们家每天在饭后才投票决定要吃哪一种口味，等大家决定后我就会开着新的庞蒂亚克去买。"

"你知道吗？每当我买的冰激凌是香草口味时，我从店里出来时车子就发动不了。但如果我买的是其他的口味，车子发动就顺得很。我要让你知道，我对这件事情是非常认真的，尽管这个问题听起来很诡异。为什么每当我买了香草冰激凌，这辆庞蒂亚克就无法发动，但买其他口味的冰激凌，它就生龙活虎？为什么？我想知道为什么？"

事实上庞蒂亚克的总经理对这封信并没有完全相信，但是本着对客户负责的原则，他还是派了一位工程师去一探究竟。工程师安排与这位客户的见面时间刚好是在用完晚餐后，于是两人便一同开车前往冰激凌店。那个晚上的投票结果是香草口味，当买好香草冰激凌回到车上后，车子又发动不了了。

这位工程师之后又约了三个晚上。第一晚，巧克力冰激凌，车子没事。第二晚，草莓冰激凌，车子也没事。第三晚，香草冰激凌，车子发动不了。

工程师感到十分困惑，最后他决定全方位地来观察和分析这个问题。他开始记下从头到尾发生的所有细节，尤其是车子开出和返回的时间，他发现了一个结论：这位客户购买香草冰激凌花费的时间比购买其他口味冰激淋的时间要少。

通过进一步了解获知，由于香草冰激凌是所有冰激淋口味中最畅销的，店家为了让顾客每次都能很快地购买，便将香草口味的冰激淋特别分开陈列在单独的冰柜，并将冰柜放置在店的前端，而其他口味的冰激淋则放置在距离收银台较远的仓库。

工程师很快分析出，当这位客户买其他口味的冰激淋时，由于时间较久，引擎有足够的时间散热，重新发动时就没有太大的问题。但是买香草口味的冰激淋时，由于花费时间较短，引擎太热以至于还没有解除自我保护机制，因此无法发动。

这个故事启示我们，即使两个事件常常相生相伴，它们未必存在因果关系。艺人萧敬腾一直被称为"雨神"，就是因为他举办演唱会或者出席重要活动时，常常伴随着下雨的天气。据说他参加《最美和声》时的下雨概率是100%，只要他来录制《最美和声》就会下雨。想必有点科学知识的人都知道，这仅仅是个玩笑，不存在任何科学依据。

将"小问题"上升为"大问题"

在一些时候，问题太过具体反而很难找到答案，将问题进行一定的抽象化，就能迎刃而解。

有一家日用品公司要开发一种新型尿布，为了提高吸水量，需要在材料上加工很多小孔，孔的数量越多越均匀，则吸水效果越好。研发人员想通过搜索文献找到解决办法，如果将问题定义为"如何在尿布上打孔"，难以获得好的突破方案，但对这个问题进行抽象化表达——"如何在薄的材料上密集打孔"，则在更广泛的领域内找到了答案，航天领域有一种粉末枪便可以满足这一需求。美国国家航空航天局为了测试航天器表面镀层在太空中受高能粒子撞击后的稳定性，开发了这种粉末枪，可产生高能微粒模拟太空中的撞击情况。这种粉末枪就刚好可以解决在尿布上打出密集微孔的问题。

打破固有"因果"

为了参加2006年的法国勒芒24小时耐力赛，奥迪要研发更好的R10 TDI赛车。这个任务给人的第一感觉就是："怎么让赛车的速度更快"。

按照固有的因果式思维模式，要速度快就要发动机强劲。顺着这个思路下去，发动机技术哪家强？奥迪很难有明显优势。所以按照固有的因果关系，就会发现"卷不动"了。于是，总工程师对目标进行了另外的一番表述，颇具挑战性——

如果我们的速度不是最快的，如何在比赛中取胜？

在新的问题描述下，团队努力的方向就另辟蹊径了，变成了提高燃油效率。奥迪的赛车虽然不是速度最快的，但通过减少进站加油的时间，从而在最终结果上占据了优势。

和这个例子非常类似的另外一个例子是关于自行车的。据说在很长一段时间里，各个自行车高端品牌都在车架如何减少风阻、如何轻量化方面绞尽脑汁。但有一个品牌在这个时候转换了思路，打破了"速度"和"轻量化、低风阻"之间固有的唯一因果关系，而是从整体上思考，他们将骑行者和自行车作为一个整体来考虑，从如何让骑行者更加舒适入手，帮助骑行者在舒适的状态中更好发力。该品牌的工程师认为，他们在自行车的风阻和重量上很难突破，但通过让骑行者更舒适地发力，发挥其体能的潜力，同样可以提高最终的比赛成绩。

你明白我说的吗？

在人际沟通中，由于信息传递的复杂性，会导致对问题的描述和理解产生偏差，这时就要注意对问题的描述。

一个小女孩从花丛中捉了一条毛毛虫，高兴地跑回家给妈妈看。妈妈说："哎呀，你把毛毛虫带回家了，它的家人会想它的吧？"小女孩想了想，转身回到了花丛边。过了一会儿，她将花丛中的毛毛虫全部带回了家。

从这个小故事中可以看出，当妈妈第一次说"它的家人会想它的吧？"这句话时，心里对问题的定义其实是"你不应该将毛毛虫带回家"，而小女孩将妈妈说的话理解为"所有毛毛虫应该在一起"。因为对问题的定义不同，就会导致下一步行动的不同。

正因为如此，在一些日本公司里，当上级给下级布置工作时，往往要讲5遍：

第1遍：与下属讲清楚需要完成哪些事情（交代清楚）。

第2遍：让下属复述需完成的事情（确保下属接收到的信息与你所传达的一致）。

第3遍：询问下属完成此事的目的是什么，如果下属回答错误，再将正确目的告知下属（告知下属此事目的，培养其工作目的性，确保完成过程不偏离所要达成的结果）。

第4遍：询问下属是否知道在完成这项工作的过程中，哪些事情可由他自己决定，哪些事情需由上级领导拍板，如果下属回答错误，再将正确情况告知下属（确保事情按时完成，并且下属对此事认知不会有所偏差，减少工作过程中走弯路的情况）。

第5遍：询问下属如果由他自己完成此事，他会如何做（培养下属创新性、自主性）。

这种沟通方式无疑值得我们借鉴，尤其是就问题进行沟通时，只有反复地双向沟通，才能尽量减少双方对事情的理解偏差。

基于同样一件事情，不同的表述也会给人带来不同的思考，引发不同的反馈。

丰田汽车公司问员工如何才能让他们创造更多的价值，结果收到的回复寥寥无几。之后，公司将问题改为"如何让工作更加轻松？"，于是收到了大量的回复。

"零容忍"酿成大火？

上文我们提到了问题的各种类型，看起来似乎让人觉得世界上的问题就只有那么几类。我们从战略上藐视问题是可以的,这能增强我们解决问题的信心。与此同时,我们也应该认识到,万事万物之间都有千丝万缕的联系,因此我们不能头痛医头,脚痛医脚,既要从整体的、宏观的角度看待问题,也要善于抽丝剥茧,思考问题内在的联系,这样才能从根本上找到解决问题的方向。

众所周知,黄石公园在美国具有重要的生态战略意义,所以该公园对火灾的防范非常重视,配备了很多资源。但是1988年6月,在美国黄石公园的南部边界,因为闪电引发的一场巨大的森林火灾居然持续了好几个月,有近32.13万公顷(1公顷=10000平方米)的森林被烧毁,损失惨重。为什么严防死守之下还是发生了如此严重的火灾?

后来分析发现,长期以来,公园在其四周配备了业务精良的消防队,还会从空中派飞机监控火情,对于火灾始终采取"零容忍"的态度,一旦发现火苗,便会立马扑灭,但也正是因为这样,导致整个森林的枯木和落叶累积过多,到处都是易燃物,在这种情况下,发生火灾后,来势就会非常凶猛,也会很快蔓延到更广大区域,难以控制。

大问题和小问题,表面问题和深层问题,"亡羊补牢"和"防患未然",各种不同的情况牵扯在一起。这提醒我们,对待问题,既要站得高,也要钻得深;既需要"望远镜",也需要"显微镜"。

创新的核心是解决问题

上文对问题的来源、定义、类型等方面进行了一些基本介绍，可以说，大家从宏观上对"问题"有了一定的了解。其实，我们每个人只要活在世上，谁不是每天都在解决各种问题呢？简单来说，饿了要吃，困了要睡，这些简单的事情都是在解决问题。当然，我们也常常面临一些比较棘手的问题，不知道从何入手。所以，很多问题都给我们带来了烦恼。本书的宗旨是帮助大家成为"问题解决高手"，显然，我们希望能够在解决问题的能力上比普通人更胜一筹，如何做到呢？

这里给大家介绍一位陌生的老朋友！它的名字叫作"创新"。

只要稍加回顾，就会发现，"创新"二字早已频频出现在我们的生活中，无论是从媒体上看到或听到，或是在工作和生活中遇到，这两个字已经成为这个世界不可缺少的热门词汇了。所以可以称得上是"老朋友"。

可是，既然是"老朋友"，为何又是"陌生的"呢？因为我们大多数人其实并不了解什么是创新，更不了解创新和解决问题之间存在什么关系。

我们还是先来了解一下，到底什么是创新吧。

从字面上看，创新并不晦涩，但对于创新的理解，却是千差万别。到底什么是创新？对于大多数人而言，可能没有仔细考虑过这个问题，或者考虑过，但没有得到确切的答案。

这的确是一件颇为尴尬的事情。在我们整个国家和社会高举创新之旗的今天，我们对创新不能只停留在口号上，不能仅限于技术开发等少数领域，而应该将它作为一种文化推广开来。只有这样，才能营造良好的氛围，走上正确的创新道路。首先，我们需要重新认识创新的内涵，就好比坐下来，与一位看似每天都打照面的熟人好好谈谈心，了解他的过去，走入他的内心。和创新成为"知心朋友"，方为正解！

创新到底是什么呢？创新是无中生有吗？

最直白的解释或许就是拆字解释，创即创造，新即新的事物，概括来说就是创造新的事物。在汉语词典上，创新有两个释义：

- 抛开旧的，创造新的。
- 指创造性，新意。

这种解释足够通俗，但缺乏对创新内涵的揭示。

在经济学领域，经济学家熊彼特对创新的定义是：

把一种新的生产要素和生产条件的"新结合"引入生产体系。它包括5种情况：引入一种新产品，引入一种新的生产方法，开辟一个新的市场，获得原材料或半成品的一种新的供应来源，新的组织形式。

熊彼特的定义更多是从企业经营的角度出发，缺乏对创新广度的覆盖。

在管理学领域，彼得·德鲁克说："创新，即变革，创造一种衡量绩效新维度的变革。"

这种表述从组织绩效出发，缺乏普遍的指导意义。

在教育界，著名教育家刘道玉先生说："所谓创新，就是开拓，即走前人未走过的路，做前人未做过的事。"

刘道玉先生的诠释通俗易懂，但没有指明创新的目的和意义。

在很多企业内部，也有对创新的诠释，比如著名的3M公司对创新的定义为：通过行动或者执行，将新想法付诸实践，从而使收入或者效益得以提升。

这个解释对企业经营有一定启发，但缺乏普遍性。

可以说"一千个人眼中有一千个哈姆雷特"，创新没有真正权威的唯一定义，事实上，也没有必要追求唯一的答案。我们在不同的场景下，本着不同的需要，可以有多种解释。

创新就应该用创新的形式去定义，也就是按照大家各自的角度去思考、去定义，可以"百家争鸣，百花齐放"，也允许"横看成岭侧成峰"，用不同的视角丰富对创新的理解，重要的是，每个人是否认真琢磨过这个问题。

对于创新，笔者在这里提出一个更具有普遍性的定义，力图实现"妇孺皆知""雅俗共赏"的目的：

创新就是挖掘和利用资源，用不同的方式更好地解决问题。这个定义包含了4个方面的关键点。

首先便是"解决问题"，有价值的创新需要最终能够解决一些问题，尤其是矛盾问题，即常规思路不容易解决的问题。

其次，要注重资源的运用，知道哪些方面可以寻找资源，扩大对资源范围的理解，并恰当利用，达到解决问题的目的。

再次，要用不同的方法，必须有差异化的思路，方能称之为"新"。

最后，要实现"更好"，也就是对问题解决方案的价值评判标准的思考，我们应该比原来的状态更好，推动美好世界向前发展。

有了创新思维的启示，我们将从更多的角度去寻找解决问题的更好方案，在这个过程中，问题解决高手就自然产生了！

第二章

长袖善舞
巧用资源

作为资源，物质提供了各种各样的材料；能量提供了各种各样的动力；信息提供了各种各样的知识。

有人在房间里放了一个金丝鸟笼，本来是作为工艺品进行装饰的，可是每位到访的客人都会问："笼子里的鸟呢？"

注重对空间资源的利用，让自己成为"收纳大师"。

万物皆有用

我们的世界充满了各种物质：空气、水、煤炭、石油、芯片、车辆、机器，等等。人类从远古开始就与地球上的其他动物一样，依靠水、空气和各种食物生存。社会学家李银河在自传《活过，爱过，写过》中说："我们来到人世，我们消耗掉一些物质，改变周围的一些物质，然后离开人世。"

人类的进化和发展，很大程度上得益于对物质资源的利用。哪怕是泥土和树叶这么普通的东西，在经过充满智慧的思考之后，都会因为创新的应用而"化腐朽为神奇"，从而解决各种各样的问题。

在我国的良渚遗址，通过对莫角山西坡河岸的挖掘，我们发现先民已经应用了一种草裹泥的工艺：用河里常见的荻草，将一块块淤泥像包粽子那样包起来，再用芦苇条绑扎牢固。用这样简单的材料，便修建了先进的水利设施。这让我们不得不惊叹几千年前的人类智慧。这些考古发现也进一步证明，人类的发展就是一个对世界万千物质的认识和利用的过程。

为了解决某个问题，常规的资源缺失，怎么办？这时需要盘点一下身边到底有哪些资源可以用得上，也许替代办法就能在其中产生。

日本南极探险队第一次准备在南极过冬，当时队员们正在设法用运输船把汽油运到基地。由于缺乏经验，实地操作时才发现输送管的长度根本不够，一时又没有备用的管子，所有的队员都被难住了，不知如何是好。这时，队长西堀荣三郎突然提出了一个很奇特的设想，他说："我们用冰来做管子吧！"他的这个创意当然不是凭空想出来的，因为南极非常冷，水在碰到外界空气的瞬间就会结成冰，可以说是滴水成冰。但问题的关键是，怎样使冰形成管状，而且在中途不发生断裂呢？西堀队长很快又有了灵感："我们不是有医疗用的绷带吗？先把它缠在铁管上，然后淋上水让它结冰，最后拔出铁管，不就做成冰管了吗？"用这种方法做冰管，再把它们一段一段连接起来，要多长就有多长。

这是一个急中生智，充分利用身边已有物资替代缺失物资的生动案例。

有些时候，平时避之不及的东西，或许也能够帮上大忙。

作家土家野夫在《身边的江湖》中描写了一个监狱中的厨子——黎爷。有一天深夜，黎爷悄悄叫醒狱友野夫，请他小酌一杯，酒是偷偷让人带进来的，可是居然还有一锅热气腾腾的肉。肉从哪里来？原来是仓库里的耗子被黎爷打死了几只。这个故事给笔者留下了特别深刻的印象，虽说巧妇难为无米之炊，可是有办法的厨子却总能"就地取材"，这就是挖掘和利用身边资源的绝佳案例。

甚至连一些我们平常认知里的废物，只要转变我们看待它的眼光，也能找到它的用武之地，变废为宝。

在动物世界中，狮子享有"草原之王"的称号，是名副其实的兽王。兽王的粪便其实也是一种标志，能起到很好的威吓作用，一般的食草动物像兔子、鹿等闻到粪便的气味，都不敢靠近，被吓得远远的，因此狮子的粪便是纯天然、不含化学物质的驱赶野生动物的利器。

根据这一特点，德国慕尼黑一家马戏团便着手收集狮子粪便，用于出售，卖点便是在花园里用狮子粪便施肥，能够起到驱赶野生动物的效果。据说吸引了很多人前来预订，狮粪的销量很可观。特别是在夏天，食草动物特别活跃，经常靠近民居，需求量更大，其他猛兽的粪便也开始有了需求。据马戏团工作人员介绍，马戏团有26头狮子和老虎等猛兽，完全不用担心"货源"。这些狮子粪便已经售出约2000罐，每罐狮子粪便售价5欧元，为马戏团带来新的收入。

莫扎特小时候师从作曲家海顿。有一次莫扎特递给老师一份曲谱，得意地说："我写的这首曲子老师肯定不会弹。"海顿一看，确实无从下手，不由问莫扎特："这是什么曲子？当两手按曲谱指示放在琴键两端时，怎么还会有一个音符指示着琴键中间呢？"

莫扎特接过曲谱，当他弹到这个地方时，只见他把头低下去，用鼻子弹了出来。

莫扎特后来能够成为大师，与他的这种独特思维或许是分不开的。

从经济价值的角度看，物质资源对于企业来说可谓非常重要。彼得·德鲁克在《创新与企业家精神》一书中对资源作出如此评价：

"在人类发现自然界中某种物质的用途，并赋予它经济价值之前，'资源'这个概念是根本不存在的。那时，每一种植物皆为杂草，每一种矿物皆为岩石。"

100年前，从地下挖出的石油以及铝土矿（铝的原材料）都还不是资源，当时，它们只是令人讨厌的东西，因为它们让土壤贫瘠。

过去，青霉菌也是一种有害的细菌，而不是一种资源。当时的细菌学家在做细菌培养的时候，必须费很大工夫才能保护培养菌免受它的侵害。直到20世纪20年代，伦敦的一名医生——亚历山大·弗莱明发现这种"有害的细菌"就是细菌学家苦苦寻找的细菌杀手。从此，青霉菌才成为一种有价值的资源。

有些物质，是企业生产过程中的"副产物"，常常面临被丢弃或者低价处理的命运，有的甚至还可能要花钱处理，但要是去认真研究其特性，说不定也是"宝"。

味之素是一家日本味精企业，但你能想象它居然可以卡住全球半导体芯片产业的脖子吗。因为味之素公司除了生产味精，还生产半导体行业的基板核心材料ABF（Ajinomoto Build-up Film，味之素堆积膜）。

在20世纪70年代，味之素开始思考如何对食品生产中的一些副产品加以应用。公司研发人员对氨基酸化学在环氧树脂及其复合材料中的应用进行了基础研究，发现一些物质具有极好的材料性能，可用作电子行业的树脂和涂层剂。20世纪80年代，味之素的专利中就出现了一批应用于电子行业树脂方面的研究。

20世纪90年代，随着从MS-DOS到Windows操作系统的过渡，个人计算机 CPU 大规模集成逐渐兴起，对高级 CPU 基材的需求迅速增长。包含复杂布线模式的多层电路基板上的 CPU，对新的绝缘材料产生了迫切的需求。

1996 年，一家 CPU 制造商与味之素就利用氨基酸技术开发薄膜型绝缘体一事进行了接触。1999 年，ABF 最终被一家半导体领导企业所采用并推广，成为整个半导体芯片行业的标配。

一家生产味精的企业，却对芯片行业产生了如此深远的影响，正是源于对"废物"的价值利用。

对物质资源的开发利用，不但和个人、组织相关，也影响到国家的发展水平。日本和以色列就是非常注重物质资源开发和利用的两个典型国家。

以色列的水资源非常缺乏，该国可利用的淡水资源总量约为 20 亿立方米，有效水资源为 15 亿~17 亿立方米，人均年占有水资源量不到 300 立方米，仅占世界平均水平的 1/33。也正是这个原因，让他们有压力和动力来研究更加高效的农作物灌溉系统。

1962 年，以色列的一位农民意外发现，水管漏水处的庄稼反而能生长得更好。这一浇水方式迅速在当地流行起来。1964 年，以色列诞生了首家滴灌公司耐特菲姆，随后公司规模迅速壮大，并将以色列的滴灌和微灌业务带到全球。

如今，滴灌系统遍布以色列。这些系统由太阳能驱动的计算机控制，利用塑料管道进行密封输水，以适时适量、缓慢均匀地将含有肥料的水送到植物的根系或喷洒在茎叶上。据统计，应用该技术能够节水90%、节能50%，平均增产约30%。

　　日本同样也因为本身的物质资源匮乏而促进了其技术创新。比如汽车，日本汽车在很长的历史时期中都尽量节约用料，同时努力实现同样的功能和安全保障，其发动机也因为将省油作为目标，从而在油耗上树立了优良的口碑。

影响力也是能量

什么是能量？

从最基本的定义来说，能量是表示物体做功能力大小的物理量，可分为动能、势能、热能、光能、化学能、核能等。整个世界的运转离不开能量的转化。人类的发展一直和能量的利用相生相伴。

从技术角度来看，能量资源主要分为三类：一是来自太阳的能量，也就是我们日常所说的太阳能；二是地球本身的能量，如原子能、地热能等；三是地球和其他天体相互作用产生的能量，如潮汐能。此外，还有化学能、电磁能等。

央视的新闻节目《军武零距离》曾经曝光过中国民用电磁炮发射的试验现场。在试验场上，没有火药，没有轰鸣声，没有火焰。据介绍，这种电磁炮将成为森林防火的利器。采用了以电磁力作为动力的大炮，相较于采用传统的弹药推进装置，不仅射程更远，而且效能更高，还具有很高的隐蔽性。

电磁炮是对能量资源进行创新利用的成果，是将依靠火药的化学能升级为电磁能。

人类对武器和战争手段的研究，一直就是围绕能量的挖掘和利用不断进步的。两个人徒手搏斗，靠的是人体中通过食物的消化将化学能转化为拳头的动能。之后发展出了刀剑、弓箭等武器，让人体发出的动能更具有破坏性。火药发明后，就通过将其化学能转化为势能、热能，获得更大的杀伤力。

如果我们从社会领域来思考，能量资源可以理解为权力、影响力、购买力等对他人能够造成影响或者回馈的能力。

《战国策》中有这样一个故事，原文是，人有卖骏马者，比三旦立市，人莫之知。往见伯乐，曰："臣有骏马欲卖之，比三旦立于市，人莫与言。愿子还而视之，去而顾之，臣请献一朝之贾。"伯乐乃还而视之，去而顾之，一旦而马价十倍。

这个故事是说，有个人卖骏马，一连在集市上站了三天，也没有人来问询。他便前往拜见伯乐说："我有骏马要卖，一连在市场上站了三天，没有人跟我问价。想请您绕着马看一圈，假装要走了又回头看看马，我愿意付给您一天卖马的钱。"伯乐便绕着马看了一圈，假装要走了又回头看看马，最终马的价钱涨了十倍。

如今，有了微信号、视频号、抖音号，以及各种直播平台，"大V"们说句话带来的效应可就远远不止价钱涨十倍了。这些年，无数网红活跃在各大媒体平台，海量的粉丝簇拥在他们周围，明星们通过网络进行带货，让粉丝们在屏幕前不假思索地点击购买链接。有人说，这是流量。其实流量的本质还是影响力。

在经济领域，购买力也可以看作一种能量或资源。购买力的背后其实充满了各种各样的相关因素，例如，收入的高低、需求的强烈程度、消费观念的差别、其他人的影响等，所以广告和营销总是用尽各种手段去影响目标群体，从而促使其购买力的释放。

早在19世纪的美国，生产农业机械的企业一度面临困境，虽然市场上已经有了各种各样的收割机，但是农民的资金有限，购买力非常贫乏，如何开发购买力这一资源呢？有一家企业就采取了分期付款的方式，让农民以未来的收入也就是未来的购买力来提前消费。这一举措在当时堪称伟大的创新，是结合了时间资源和能量资源的复合利用。如今，在我们的生活中，贷款消费已经司空见惯。

长尾理论，其重要意义是对小而多的购买力资源的重视。长尾（The Long Tail）这一概念是由美国《连线》杂志主编Chris Anderson在2004年10月发表的《长尾》一文中最早提出的，用来描述诸如亚马逊和Netflix之类网站的商业模式。

过去，人们只会关注重要的人或重要的事，如果用正态分布曲线来描绘，人们只关注了曲线的"头部"，而将处于曲线"尾部"、需要更多的精力和成本才能关注到的大多数人或事忽略。例如，在销售产品时，厂商关注的是少数的VIP客户，无暇顾及在人数上居于大多数的普通消费者。而在网络时代，由于关注的成本大大降低，人们有可能以很低的成本关注正态分布曲线的"尾部"，关注"尾部"产生的总体效益甚至会超过"头部"。例如，某著名网站是世界上最大的网络广告商，它没有一个大客户，收入完全来自被其他广告商忽略的中小企业。Chris Anderson认为，网络时代是关注长尾、发挥长尾效益的时代。

影响力能迅速地转化成购买力，现如今流行的"带货"很好地体现了这一点。新东方在转型电商之后，正是董宇辉富有人文气质的主播风格在一众单调的叫卖声中成为亮丽的风景线，让东方甄选迅速积攒了人气。2023年底，东方甄选发生的"小作文"风波，更让我们看到，影响力就是生产力。

在信息中寻找红利

控制论的创始人维纳认为：信息就是信息，不是物质也不是能量。也就是说，信息与物质、能量是有区别的。同时，信息与物质、能量之间也存在着密切的联系。物质、能量、信息是构成现实世界的三大要素。

美国哈佛大学的研究小组提出了著名的资源三角形理论。他们指出：没有物质，什么都不存在；没有能量，什么都不会发生；没有信息，任何事物都没有意义。

作为资源，物质为人们提供了各种各样的材料；能量提供了各种各样的动力；信息提供了各种各样的知识。

只要事物之间的相互联系和相互作用存在，就有信息产生。人类社会的一切活动都离不开信息，信息早就存在于客观世界，只不过人们首先认识了物质，然后认识了能量，最后才认识了信息。

人类在其存在的有限时间和有限空间内，消耗了大量的物资和能源，也生成了大量的信息。信息具有使用价值，能够满足人们的特殊需要，可以用来为社会服务。信息资源是无限的、可再生的、可共享的，其开发利用会大大减少材料和能源的消耗，减少污染。

信息是普遍存在的，但并非所有的信息都是资源。只有满足一定条件的信息才能成为资源。对于信息资源，有狭义和广义之分：广义的信息资源，是指各种事物本身的状态和相互之间存在的关联，狭义的信息资源，指的是信息本身或信息内容，即经过加工处理，对决策有用的数据。开发利用信息资源的目的就是充分发挥信息的效用，实现信息的价值。

在我们的身边，对信息加以利用的案例比比皆是。

中医的望诊，是对病人的神、色、形、态、舌象等进行有目的的观察，以测知内脏病变。中医通过大量的医疗实践，逐渐认识到机体外部，特别是面部、舌质与脏腑的关系非常密切。如果脏腑内的气血有了变化，就必然会反映到体表。《灵枢·本脏篇》中说："视其外应，以知其内脏，则知所病矣。"这就是中国古代医学对人体的信息资源的利用。

在经济领域，信息资源格外重要。

首先是信息的稀缺性，知道某些信息和不知道某些信息，完全决定了一个人或者企业经营活动的下一步走向。在很多年之前，信息的不对称现象尤为突出，这和社会运行机制、技术手段等因素都相关。著名民营企业家曹德旺在《心若菩提》中介绍自己的事业发展历程时就写道：20世纪70年代末，全国很多物资都实行计划调配，购买工业物资都需要"指标"。当时他作为乡镇企业高山厂的采购员到福州采购平板玻璃，没有门路怎么办？经人介绍到了一个澡堂，发现这里居然聚集了负责福州各领域采购的各位科长们，他们就在这里聚集和交换各种信息，调换各种指标。在熟悉了这个圈子以后，他还帮助那些不同省份的企业调换指标，省去了这些企业长途运输的巨大成本，并因此而成为国内物资界的"大脚"（福州话"大腕"的意思）。

笔者在读中学时就曾经听说，江浙一带很多民营企业家非常热衷于收看每天的新闻联播。据说，他们通过这档最权威的新闻节目，捕捉和分析当前世界和中国的政治、经济各方面的走向和趋势，以便结合自己从事的行业思考发展机会。

这就是善于利用信息资源的典型案例，江浙一带能成为民营经济发展的标杆地区，不是没有原因的，所谓有"生意头脑"，离不开对信息资源的挖掘利用。

随着时代的发展，信息的鸿沟被填平了许多，除了特别高级别的信息，社会大众获取信息的渠道多了，获取难度降低了，这个时候，考验的是对海量信息分析和提炼的能力。

比如，判断一家公司的经营状况，除了财务数据，往往还有很多看似普通的"蛛丝马迹"可以作为信息资源，帮助我们了解真相。

重庆一家很有名气的小面馆急需扩大规模，而几十万元的资金缺口成为拦路石。面馆老板找到银行，却因为没有抵押物而使计划一度搁浅。某担保公司接到这家小微企业的担保请求后，立即派人实地考察面馆经营状况，工作人员来到这家面馆后，并没有着急查账，而是埋头数起筷子来，最后发现筷子竟有近千双，由此对这家面馆每天的经营情况有了大致的了解，放心地为这家面馆提供了担保。

在宏观层面，有各种利用某一现象或者指标衡量经济的理论，这些理论都是对信息的规律性提炼和总结。

比如"内裤理论"，据说是格林斯潘的观点。大意是经济不景气，男人节省，不经常买新内裤，同时经济不景气还导致离婚率攀升，离婚的男人不再注重自身形象，对新内裤需求骤降。而当经济复苏时，男人会稍加挥霍，加之离婚男人开始新的约会，于是内裤销量大幅攀升。美国经济证明了这条理论，比如2009年金融危机时，美国男性内裤的销量便下降了2.3%。

而针对女性，则有"口红理论"。该理论认为经济不好的情况下，女性不再像以前那样随性买一些时尚、赶潮流的服装、化妆品，而是趋向于购买一些式样经典、持久耐用的商品，尤其是奢侈品。口红是最便宜的一种奢侈品，单价不高，又可以使女性继续保持姣好的容貌，所以，口红此时会大卖。

在我国，还有针对劳务工的"榨菜理论"，这一理论是根据畅销全国的涪陵榨菜在各地区销售份额的变化情况，推断人口流动趋势的一种非正式理论。榨菜，属于低值易耗品，榨菜在全国各地区销售份额的变化，能够在一定程度上反映劳动人口的流动趋势。2009年至2012年，榨菜在华中地区、中原地区和西北地区的销售份额持续上升，与这几个地区的劳务工回流趋势相吻合。

在品牌塑造和市场营销方面，我们需要传达某些信息去打动消费者，最终让他们能够购买服务或者产品，然而，说什么好呢？其实核心就是我们要传达什么样的信息，看看身边的各种广告就会发现，千篇一律、味同嚼蜡的说辞充斥着我们的世界。而有些品牌，则知道如何开发自己拥有的特殊信息资源，实现差异化传播，比如讲述企业故事，打造创始人个人IP，通过挖掘企业独特的信息资源来打动消费者，使品牌形象深入人心。

在技术领域，对信息资源的利用是非常广泛的，比如石油天然气管道的泄漏检测，目前集中在光纤检测法、负压波检测法和次声波检测法这三种方法上。光纤检测法的原理是管道发生泄漏时，管道周边会有温度下降的情况出现，光纤对温度变化十分敏感，能够迅速检测出来。负压波检测法的原理是管道发生泄漏时，管道内的压力会降低，产生负压，压力传感器能够采集到负压波信号。次声波检测法的原理是管道发生泄漏时，泄漏能量在泄漏处引起管道振动，振动产生的次声波信号能被次声波传感器采集到。

在这些方法中，温度、负压力和次声波都是具有价值的信息资源。与此类似，颜色也是非常重要的信息资源，只是人们常常忽视了对颜色的合理利用。英国地铁开通于一百多年前，线路四通八达，密如蛛网。进入地铁，就如同陷入了迷宫，但是由于利用了颜色作为区分，哪怕不会英文的人都很容易规划出自己需要的线路。

在国内的主要城市，通过手机 App 叫车已经非常普遍，但由于车型经常是相同或者类似的，乘客一不小心就上错了车。因此很多时候为了保险，司机都会询问你的手机尾号。2020 年底，滴滴和比亚迪推出了一种高度定制的移动出行车型 D1，就是考虑到这一场景，在车辆仪表台挡风玻璃处特地安置了一块彩色的发光屏，用户可以通过发光屏发出的颜色，快速分辨出是否是自己所约的车辆。

深圳一些公园里的公厕，也通过颜色来为使用者提供便利。这些公厕在蹲位的门上，用非常醒目的长条灯带显示是否有人，让人一目了然。

此外，停车场上方的红绿灯显示是否为空车位，疫情期间健康码的区分等，都是类似的案例。颜色作为一种信息资源，其优点就是能够快速传达信息，所以在生活中的应用非常广泛。

近年来，互联网的飞速发展为商业提供了无与伦比的便利，其中信息资源的加快流通和获取是一个非常关键的因素。以往，卖家对市场的需求把握很模糊，准确调研的成本也高，但有了移动互联网的助力，获取精准的需求信息易如反掌。

比如通过预售这种方式，互联网可以非常快速直观地吸引潜在用户和掌握需求的实际情况。例如，猫眼创新性开通了电影《心花路放》的预售功能，不但让片方在电影上映前就成功收回部分成本，更重要的是得到了宝贵的信息资源，提前获知了各个区域的销售数据，从而让片方和影院及时调整不同区域的营销策略和放映排期，实现收益最大化。

近些年来，随着各行各业对大数据的挖掘和利用，运用芯片技术和5G技术进行信息处理和传输成为常态，信息资源的重要性更加凸显。现代信息技术，让个人生活发生了巨大的改变，提升了社会管理效率，但也随之出现了一些问题。

有一些公司，过度搜集个人信息、大数据杀熟、滥用人脸识别技术……为了规范信息资源的合理利用，2021年11月1日起，《中华人民共和国个人信息保护法》正式施行，全方位保护国家和个人信息安全。

相比过去，信息资源的数量呈现指数级的上升，这对我们的利用能力提出了新的挑战。如何应对这些挑战呢？

首先，降低信息在传递过程中"失真"的影响。

为了说明这个道理，我们来看一个古代的故事。宋国有户丁姓人家，家中没有井，所以经常要安排一个人专门到外面的水源处打水。等到他家挖了一口井之后，告诉别人说："我家打井得到了一个人。"意思是有了这口井就节约了一个人力。但有人听到这件事，便传播开来说："丁家挖井挖到了一个人。"这就是著名的寓言《穿井得一人》，这则寓言非常生动地展示了"以讹传讹"的危害。

笔者曾经在课堂上让十来个同学排成一行，并告诉第一位同学一句话，让其他同学一个一个依次转达，到最后一位同学时，那句话的表述就完全变了，有些关键信息也丢失了。

所以，我们在基于某些信息作出行动时，应该想一想，这些信息是否真实可靠。尽量接近信息源头，尽量依靠权威渠道，是我们减少信息传递误差的常用手段。

其次，对海量信息进行有用价值提取。

越是信息容易取得，越凸显信息解读能力的价值。在一些重要政策公布或者重大会议、活动举办时，海量的信息扑面而来，常常让人不知所措。这时就有一些机构会将其中的关键信息整理出来，或者对其中蕴含的深层含义进行挖掘，这就是解读的能力。无论是个人、机构，乃至国家，对信息进行有用价值提取才能真正让信息成为一种资源。

我们天天手机不离手，浏览各种新闻、信息，动不动几个小时就耗费在小小的屏幕前了。总体来说，我们通过手机接触的大部分信息，其实堪称精神废料，甚至可以称为精神垃圾。垃圾有没有营养，不能说没有，但有个前提就是你有自己的根系，能够从中汲取所需要的养分为自己所用。如果没有自己的根系去主动判断和进行选择性吸收，就会任由垃圾将你腐蚀和淹没。所以，如果一个人真的要对自己的生命和时间负责，应该减少漫无目的的信息浏览，将时间真正用在知识体系的构建和对问题的深度思考上。

就以撰写本书为例，笔者在搭建完理论框架以后，在日常生活中，虽然也免不了要在网络上"闲逛"，但因为有明确的目标，所以，只要发现和创新解决问题相关的内容，笔者都会和自己大脑中的知识体系进行比对，使新的信息、观点和"库存"知识产生关联，从而不断迸发新的火花。

米兰·昆德拉在《不能承受的生命之轻》中的一句话让笔者印象深刻，他说："现代化的愚蠢并不是无知，而是对各种思潮生吞活剥。"

这句话提醒我们，在信息时代，我们既要保持好的胃口，也要有选择地进食"信息大餐"，吸收自己所需的营养。

别拿锤子只当锤子

人们常说，如果你拿着锤子，就只想到寻找钉子。这是因为，只要看到锤子，人们就觉得是用来敲击钉子的。

有人在房间里放了一个金丝鸟笼，本来是当装饰品的，可是每个到访的客人，都会问："笼子里的鸟呢？"因为人们觉得，鸟笼就必然是要用来养鸟的。

这种现象，叫作"功能固着"。

先说什么是功能？《现代汉语词典》的解释是"事物或方法所发挥的有利作用；效能。"总体而言，功能其实是站在人的主观需要的角度，描述的一个对象的"可利用价值"。

曾经听闻这样一件趣事：一个少女离家出走，后来被民警找到时，居然躺在医院病房里一个老太太的床上。原来，这孩子赌气出门，但又无处可去，居然跑到医院，找到一个没人照顾的老太太，帮她端茶送水，然后就堂而皇之地睡在老太太旁边。这个小孩如此有趣，其实她利用的就是自己对老太太的"可利用价值"，来换取老太太为她提供栖身之处的"可利用价值"。

"功能固着"是指人们习惯了某种物品的一项常用功能以后，就很难发现它的其他用途。摆脱"功能固着"对思维的影响，就要学会知道锤子不仅仅可以用来锤钉子，还有万千用途，引申开来，世界万物，莫不如此！

这是一道在某些公司的面试中经常出现的题目：

有两个房间，一间房里有三盏白炽灯，另一间房有控制着三盏灯的三个开关，这两个房间是相邻但分隔开的，从一间房里不能看到另一间的情况。现在要求受训者分别进入两间房一次，判断出三盏灯分别由哪个开关控制。有什么办法呢？

答案是：先打开开关1，大约几分钟后关掉，再打开开关2。此时走进有三盏灯的房间，点亮的灯当然是开关2控制的。而没亮、但摸起来温度高的灯则是开关1控制的。

这个答案超出了很多人的常规思路，原因就在于，大多数人的头脑中将灯泡的功能固着在发光这个最常见的功能上了，其实我们知道灯泡，尤其是白炽灯的发热现象是很明显的。问题就在于发热在平时的生活中并不是一个有用的功能，所以一般人想不到利用这一点。这是一个典型的"功能固着"现象。

"功能固着"对于我们创造性地解决问题有消极影响，因此应该保持警惕并加以避免。为了能够更好地开发利用功能资源，我们最好引入另外一个词："属性"。

"属性"更基于客观事实，让我们能够减少片面的、之前形成的"习惯性"眼光。

利用对象的不同属性，我们能够开发出不同的功能。

给你一个气压计，如何测量一栋大楼的高度。学院派马上想到了以前学到的知识，分别测量地面和大楼楼顶的气压，通过计算得出大楼的高度。这是利用了气压计测量气压的属性。

但又有人提出了，可以用一根线系上气压计从楼顶垂下来，测量这根线的长度。这是利用了气压计具有重量的属性。

请不要马上对此嗤之以鼻，觉得这种思路很荒谬，我们需要清空大脑，想一想其中的思维方式！

正如乔布斯所说：人是创造性的动物，面对工具，普通人也能想出工具发明者未曾想过的各种聪明的使用方法。

在日常生活中，一些居家小妙招，其实就充满了对有用功能的创新应用。比如牙膏，当然其主要功能是清洁我们的牙齿，这是因为牙膏中的研磨剂具有微观上的机械作用力，那么利用这一属性，很多时候我们可以将牙膏涂抹在需要清洁的其他对象上，比如不锈钢器皿的表面，反复擦拭对其进行清洁。

疫情期间，露营成为一种时尚，那种拖拉露营物品的露营拖车很常见。但它的用途其实远远不止露营，笔者几次清理家中的废弃物品，用露营拖车一次就搬运完了，效率极高。还有的家长在医院里让输液的孩子躺在露营拖车里，舒适又方便。这些都是巧妙利用了露营拖车装载多、移动方便的属性。

某些时候，对象所具有的属性只能实现一部分我们正常情况下需要的功能，被称为"不足功能"，其实这种属性，也可以成为创新的资源。

1968年，3M的科学家Spencer Silver博士本来想发明一种超强的黏贴剂，但经过几个月的研究，所得到的是和预想完全相反的结果。这种黏贴剂贴上后可以轻松撕下来。Spencer Silver博士把他的这种很独特的、可简单撕下和重新贴上的黏贴剂介绍给其他3M科学家，试图合力找出一些应用方法。

1974年，3M科学家Art Fry参加教会礼拜，在唱诗班唱诗时，他习惯性地在歌本内夹一张书签作为标识，书签不停滑落，经常无法准确找到正确的段落，这让他感到厌烦。于是，他想到书签如果有黏性那就太好了，这时他想起了Silver博士的黏贴剂：有点黏又不会太黏，可以贴在纸条上，又可以重复撕贴，而不会破坏纸张，太完美了！于是，他用Silver博士的黏贴剂制造出了可重复撕下和重新贴上的便条纸。这就是我们现在经常用到的便利贴。

便利贴的发明启发我们，即便某种属性表现的程度不够强，也能找到独特用处。

更进一步，我们还发现，某种属性完全没有时，同样能实现"可利用价值"。比如，我们人类正常的听觉、视觉，以及语言交流的属性缺失了，是极不方便的，也理应得到社会的关怀。同时我们也要看到，只要有合适的机会，这些残障人士反而能够发挥正常人所不能发挥的作用。

杨时斋，又名杨遇春，是清代著名的军事家，他不但以军事指挥著称于世，而且在用人方面更是别具眼光。他在录用士兵时曾说："无论身体状况如何，没有无用之人！"他尤其善于利用残疾人的特点，将其生理缺陷转化为执行任务时的优势。

他将聋者安排在左右当侍卫，因为耳聋，听不到将领们谋划的军机大事，可防止军事秘密泄露。将哑者安排去传递密信，即使是被敌人抓获，也不会泄漏军机。

近代某个工厂也有类似的例子，在这个工厂的装配车间，工人每天要将一个工艺品包上报纸后放入包装盒中，但因为报纸上的文字常常吸引工人的好奇心而减慢了工作速度，严重影响了工作效率。后来有人就提出一个解决方案：专门招聘盲人来进行此项工作，因为操作本身很简单，稍加培训就可以上岗，同时可以避免报纸上的内容对工作效率的影响。

有的时候，研究对象的某项属性对于我们原有的期望来说本来是有害的，但只要善于研究，就会发现，在某些情况下，"有害"也能转化成为"有用"。

比如一块钢铁，其表面和空气接触就会发生氧化，这一属性通常对于我们来说是有害的，是不希望发生的。但我们要是刻意加大和控制其表面的氧化过程，却可以产生一层黑色的、致密的氧化层，反而能够保护这块钢铁，减缓其后续的氧化，这就是利用了氧化层隔绝空气的属性。

再看一个国外的故事。

一名犯人收到妻子的来信："你进监狱了，咱家的几亩地没人翻，公婆干不动，我身体不好还得看孩子，怎么办？"犯人想了想，也没有什么亲戚朋友能帮得上忙，怎么办呢，他琢磨了一会，就写了一封回信。过了一段时间，妻子回信说："家里的地都已经翻好了，是警察来帮忙的，他们还翻了好几遍。"

怎么回事呢？

原来，犯人在回信中说："千万别翻地，地里埋着枪。"

犯人利用了警察这个职务本来所具有的本质属性：办案，办案就要寻找证据。站在犯人的立场，警察具有的"办案"属性对他而言是"有害功能"，但他巧妙地利用了这一属性，让警察"免费"帮了自己的忙，"有害"也就变成了"有用"。

我们人类本身也有很多属性，尤其是心理属性，被社会管理、市场营销等多个领域所重视和利用。

"比例偏见"是一种常见的心理现象，指的是在很多场合下，人们往往倾向于考虑比例或者倍数的变化，而不是数值本身的变化。这意味着人们对比例的感知比对数值本身的感知更加敏感。如果一件衣服标价1000元，降价100元，降价比例是10%，而一个台灯，标价200元，降价100元，降价比例是50%。同样是降价100元，人们显然会考虑和原价比较，认为台灯更划算。所以聪明的商家，针对高价商品的降价，就标注降价的金额。而针对低价商品，则强调降价比例。从而淡化人们的"比例偏见"，以达到促销的目的。

　　同样地，在购物赠品这件事情上，也有一些"小秘密"。比如购买一台几十万元的汽车，商家为什么常常会采取"加9元"送价值300元的车内空气净化器的策略，而不是采取表面看起来对消费者更有吸引力的直接赠送的策略呢？

　　其原因也是"比例偏见"。若商家直接赠送空气净化器，消费者会将其与几十万元的汽车相比较，觉得区区几百元算什么；可是，如果是"加9元"购买，消费者就会将9元和300元进行比较，觉得太值了！

　　人在大多数时候并非理性的动物，决策过程常常受到情绪、感觉等因素的影响。行为经济学家丹尼尔·卡尼曼在《思考，快与慢》一书中对这一现象进行了阐述，其实早前就有其他心理学家提出了人的大脑思考分为系统1和系统2，后来更正为进程1和进程2。通俗地说，我们以为自己是理性的，其实，在我们的大脑里运行着一个自己都不能完全察觉的机制，让一些我们自己也未曾发现的因素参与了我们的各种决定。理解了这一点，我们就很容易理解下面这个案例了。

苹果公司的设计师艾夫说："只要不是绝对必需的部件，我们都会想办法去掉。"这代表了乔布斯的理念，也是整个公司的文化，但是苹果公司在设计 iMAC 外壳时，在其顶部设计了一个内嵌的提手。如果说实际功能，不会有多少人会经常使用它将电脑提着走。但设计师艾夫却站在另外一个角度解释了这个提手的设计思路：让人觉得电脑没有那么高大上，用这个提手暗示它是容易接近的，是可以触摸和控制的。所以这个提手功能的设计目的不在于移动电脑，而在于心理暗示。

总之，世间万物，具有各种属性。这些属性本来是中性的，无所谓好与坏，无所谓有用与无用，完全是根据人的主观意愿赋予其含义和价值的。

泰戈尔的诗句中说道："刀鞘保护刀的锋利，它自己则满足于它的迟钝。"

刀鞘与刀刃，具有相反的属性，而这两种属性都是使用者所需要的。

时间，不仅要珍惜，还需要运筹

在斯坦福大学的某个课程中，学生们被分为几组，要求分别用5美元的本金，去挑战在2小时内尽可能多地赚钱，之后要回到教室给同学们分享关于赚钱的经验（限时3分钟）。有的学生在当地很有人气的餐厅预订了座位，将就餐时间卖给不想排队的客人，赚了几百美元。但赚得最多的却是另外一组学生，他们分析了现有资源，没有局限在那5美元上，而是将最后用来分享的3分钟当作商品，卖给了希望招聘斯坦福大学学生的公司，赚了650美元。

可见，时间是一种资源，可以利用，也可以买卖。所以富兰克林在写于1748年的《给一个年轻商人的忠告》一书中说：

"切记，时间就是金钱。假如一个人凭自己的劳动一天能挣十先令，那么，如果他这天外出或闲坐半天，即使这期间只花了六便士，也不能认为这就是他全部的花费，他其实花掉了，或应该说是白扔了另外五个先令。"

1934年，鲁迅在其著名的《门外文谈》中也提到了对时间的看法，并说出了一句流传久远的话："美国人说，时间就是金钱；但我想，时间就是性命。无端地空耗别人的时间，其实是无异于谋财害命的。"

真正让中国人对时间有了全新的看法，是在改革开放以后。

1978年，党的十一届三中全会确定了全国的工作重心转向经济建设，尽管1980年成立了深圳、珠海、汕头3个经济特区，但对市场经济和计划经济两条路的选择，当时仍存在极大争议。而在深圳蛇口，工业区的领导袁庚对市场经济的诠释，浓缩在"时间"和"效率"的概念中，并把"时间就是金钱，效率就是生命"这句口号响亮地喊了出来。

其实，袁庚最初提出的口号是："时间就是金钱，效率就是生命，顾客就是皇帝，安全就是法律，事事有人管，人人有事管。"袁庚的助手熊秉权考虑到当时社会的承受能力，提议去掉中间一句，袁庚同意了。施工队用三合板做了块木牌，竖在太子路旁的显眼处。两天后，一名不识字的民工将那块牌子拆走了。袁庚又命人做了一块，这次只提了一句话："时间就是金钱，效率就是生命"。

1982年，"时间就是金钱，效率就是生命"这句话被誉为知名度最高、对国人最有影响的口号。这句在今天看来已经深入人心、稀松平常的口号，在当时却引起了轩然大波。一直到1984年，邓小平第一次视察南方，对这句标语表示了肯定，争议才得以平息。甚至有人评价，中国走向市场经济正是从这句口号开始的。

可以说，"时间就是金钱"这句话深刻地体现了时间作为一种宝贵资源的特性。时间，看起来是延绵不断的、是永恒的，但对于我们每个个体而言，时间都是不可再生的资源。

德鲁克在《卓有成效的管理者》一书中专门论述了时间的重要性，他说："有效的管理者知道，时间是一项限制因素。任何生产程序的产出量，都会受到最稀有资源的制约。而在我们称为'工作成就'的生产程序里，最稀有的资源，就是时间。时间也是最特殊的一种资源。只有时间，是我们租不到、雇不到，也买不到，更不能用其他手段来获得的。时间的供给，丝毫没有弹性。不管对时间的需求有多大，时间也绝不可能增加。而且，时间稍纵即逝，根本无法储存。时间也完全没有替代品。任何工作都是在时间中进行，都需要消耗时间。但是对这种最特殊的、无可替代的和不可或缺的资源，绝大多数人都以为可以取用不绝。有效的管理者与其他人的区别，就是他们非常珍惜自己的时间。"

解决各种问题，都离不开对时间资源的合理利用。

不浪费时间，这是一个起点，也是一个基本理念。对于个人而言，如果把人的一生当作一笔投资，时间的总额一定是有限度的。古人"闻鸡起舞"或者"头悬梁锥刺股"，就是充分利用分分秒秒的时间，练功和求学，以实现人生理想。当然也有醉生梦死之徒，将时间浪费在声色犬马之中，当双鬓花白、时光已逝时，徒留悲叹。

对于时间的管理，德鲁克先生开出了三个"药方"：

- 找出什么是根本不必做的，这些事做了也完全是浪费时间。
- 看看哪些活动可以由别人代为参加而不影响效果？
- 不要浪费别人的时间。

虽然，德鲁克所说针对的是企业管理者，但其实我们每个人都是自己的管理者，所以这三条建议可以说对所有人珍惜时间资源都有参考意义。

但是，德鲁克先生是不太赞成时间碎片化的，他说："有效的管理者知道他必须集中他的自由时间""时间分割成许多段，等于没有时间"，但随着移动互联网的出现，碎片化时间的利用已经成为时间资源利用的一个重要部分，并由此催生了整个社会生活方式和生产方式的全面变革。过去公司要讨论问题，必须召集人员到会议室正襟危坐才能开始，而如今，可以利用微信群或者会议软件，让人们通过碎片化的时间实现对问题的讨论。所以，一个工程师甚至可能在厕所中，通过微信和同事讨论程序中的BUG，一个市场总监也可以利用候机的空当组织部门召开月度工作会议。更常见的是，在北上广深的地铁上，环顾四周，几乎人人都在盯着手机屏幕，消耗着各自的碎片化时间，只不过有些人在聊天，有些人在打游戏，有些人在浏览新闻，有些人在移动App上学习……

毫无疑问，碎片化时间也是宝贵的资源。很多新的商业模式也正是建立在对这一资源的充分挖掘上。

樊登读书会创始人樊登曾介绍道："我在创立樊登读书会之前，和身边很多人聊过，想知道他们是怎么读书的。我发现很多人根本不读书，包括一些高级知识分子。他们不是不想获得新鲜的知识，只是懒得花时间去阅读。我甚至听说，一个北京的房地产商，为了学习新东西专门雇了两个大学老师，给每个人每月支付3万元，让他们读书并提取干货，之后在他跑步的时候为他讲解书中的要点。"

激发他创立读书会的灵感源于一个很偶然的经历。樊登在给EMBA班的学生上课时，学生希望他能列一个书单。然而大家拿到书单后，只买书却根本不看书。于是，他想到干脆把自己读过的书分享出来。他精心做了PPT，把书里的精华总结出来，以"付一点费"为门槛，群发邮件给想要看书的学生。可惜的是，即使大家愿意为PPT付费，依然懒得去看PPT中的内容。有人建议他建一个微信群，在群里用语音给学生们讲讲这些书的内容。没想到，这种方式让樊登有了意外的收获。微信群从一个群，扩展到了多个群，越来越多的人觉得"听"这种方式似乎更便捷，一种关于"听书"的商业模式悄然成形。当年年底，在一场活动中，樊登遇到了另外两位创始人郭俊杰和田君琦，三人决定借助移动互联网来推广这种优质的读书方式，于是樊登读书会微信公众平台就此诞生了。

樊登读书会的成功，就是对人们碎片化时间资源进行充分利用的成功案例。而另外一个例子也是利用移动互联网，挖掘了医生群体的空余时间资源，这就是春雨医生。

春雨医生创立于2011年7月，截至2022年5月，春雨医生已积累1.5亿用户，超过66万名公立医院执业医师入驻平台，累计服务患者超4亿人次。

春雨医生可以帮助医生将碎片化时间利用起来，让医生以便捷的互联网沟通方式增加收入、树立个人品牌、积累患者，并且可以在医患多向互动之外加入大数据辅助系统，降低误诊率。还可以打破医院界限，进行学术交流，提高医生整体的诊疗水平。

对于患者而言，可以随时随地进行快捷问诊，降低时间、空间，以及金钱成本，并且可以预防过度医疗，让小病不大治，大病不耽误。而远程会诊和多方意见使得患者的病患知情权得到大幅度提升。

春雨医生利用平台优势，将正规医院执业医师的碎片化时间充分利用起来服务社会，为每个患者带来了非常实际的好处。笔者就亲身体验了这一款App给生活带来的极大便利。有一年，笔者在广州增城乡下的一个农家乐体验生活，眼睑突然出现红肿，又痒又痛，由于附近没有医院，只能通过春雨医生在线提问，很快就有医生进行了询问和答复，医生建议用一杯热水近距离熏眼睛，症状很快得到了缓解，过一两天就完全康复了。这样的例子还有很多。我们可以思考，大量的网上问诊为患者节约了时间，这些时间，可以投入社会生产和生活的其他方面，其创造的社会财富是不可估量的。

碎片化的时间是有价值的，但我们要警惕这些价值是否被正确利用了。现在，我们大多数人的碎片化时间很容易被手机里的无用资讯占据，刷抖音、看视频、翻朋友圈，这些行为作为片刻的放松和获取信息是有价值的，但如果过度沉迷，实在是浪费生命。

"时间就像海绵里的水，要挤总是有的"，但不管怎样挤，不管怎样充分利用碎片化时间，一天的24小时总是没办法被挤成25小时的。

那么，除了惜时如金，我们该如何让时间资源发挥更大的价值呢？创新思维告诉我们，如果从流程方面去改善，则有可能让时间资源得到更好的利用。

数学家华罗庚给出过一个关于时间统筹的生活小故事：假设

洗开水壶、烧水需要 15 分钟，洗茶壶、洗茶杯、拿茶叶需要 10 分钟，这两件事情应该先做哪一件呢？显然，我们可以先洗了开水壶把水烧上，然后再利用这个时间来洗茶壶、茶杯和拿茶叶。

　　时间的管理在人类生产和生活当中有很多巧妙的应用，需要不断结合实际进行思考。对某件事情来说，我们可以将时间资源分为事前、事中和事后，分阶段思考如何合理调配资源。我们来看看集装箱的发明过程：

　　集装箱发明之前，在世界上的各个商业码头，数百万的雇佣工人依靠人力在城市街道和码头之间运送货物。码头上，成群的工人背着重物爬上踏板，钻进货舱，把装满货物的箱子或桶堆在任何可以放置物品的角落里。尽管船舶已经出现了几千年，但水上货运仍然是一个复杂的大工程，在发货人的工厂或仓库里，货物必须被分成小份装进卡车或火车里，卡车或火车把它们分送到码头，由码头工人分类装卸。而到了货运目的地，同样是大量的码头工人将货物从船上卸下，一艘船往往要在码头停留几天时间。而且随着商业的发展，一些繁忙的码头更是出现了货轮排队等待卸货的场面。

　　改变这一状况的就是现代集装箱体系。虽然集装箱的雏形可能更早，但人们普遍将 1956 年从美国纽瓦克港到休斯敦港的一次航行视作集装箱的首航。通过集装箱所带来的运输体系的变革，让货物在码头装卸的时间大幅减少，这其实就是把以往在码头装卸货物的工作转移到航运过程之前和之后，正是对航运前、后时间资源的充分利用，才压缩了码头装卸货的时间。

　　从上面的案例中我们可以看到，要从一个更广的范围去思考时间价值的利用，要有系统思维。如果我们把某项任务当作研究对象，要善于从这个任务进行前、进行中和进行后三个阶段来调剂时间资源，往往能解决很多问题，实现效率提升。那么在生活中，有相应的案例吗？有，且多如牛毛。尤其是"预处理"，更是利用时间资源的常见思路。不光可以用"预处理"解决自己的问题，还可以用"预处理"帮别人解决问题，这里面蕴含着很多商业机会。

我们知道，都市生活节奏快，总在餐馆吃，在方便度、价格、卫生、品质等方面都令人担忧，但自己在家做，负担又比较重，时间成本也高，于是"快手菜"应运而生。一些公司看准这个商机，将新鲜食材洗干净、切好，并按照菜谱搭配好调味料包。大家买来直接烹饪即可。免去了洗菜、切菜等烦琐的环节，节约了时间，同时又能吃到干净、新鲜的餐食，满足了很多人的日常需求。

凭"空"也能创造奇迹

空间，不仅仅指我们周围的立体空间，还有上下左右、内外正反等表面。在需要的时候，我们也可以将这个概念延展到宇宙空间、思维空间、网络空间等方面。运用创新思维解决问题，注重对空间资源的利用，能够帮助我们在生活中、工作中实现思维的突破。

成为家居收纳大师

每个普通人都可以去学习和实践如何将自己生活中的空间资源充分利用好，改善家居环境和品质。

每个人家里其实都有很多隐藏空间。常见的如床底、沙发下，越来越多的家庭开始充分地利用这些空间。此外，只要是形成了空腔的地方，往往就是隐蔽的闲置空间。例如旅行箱，平时使用频率较低，体积较大，但内部都是空的，完全可以将一些物品放在其中，增加利用率，需要用箱子的时候再腾出来。甚至，家里有几个大小不同的旅行箱，也可以考虑像俄罗斯套娃那样，大箱装小箱，小箱装杂物。

蓬松物体占用了更多的空间资源，可以考虑进行压缩，例如被子和羽绒服等，很多家庭在保存时都会用真空袋进行压缩，一下子可以节约80%以上的空间。

空隙空间的利用。这一点在厨房里体现得尤其明显，例如冰箱与墙壁或者其他柜子之间的缝隙，可以在网上买到合适尺寸的置物架塞进去，在橱柜底部也可以用托盘放置一些大蒜生姜之类的食材，方便储存和使用。

上方空间的利用。在空间比较狭窄的小户型中，这一应用尤其重要，很多房间通过安装吊柜的方式，对房屋的上半层空间加以利用，又不会对生活产生明显的不便。

空间资源，不仅仅局限于立体空间，对某些表面的利用也在我们关注的范畴。例如，在卧室门的背后可以贴一块全身镜，或者粘贴挂钩用于放置挎包等。又例如，将计时器通过磁铁吸附在冰箱表面，使用方便又不会丢失。

关于家居生活中对闲置空间资源的巧妙利用，有一个十分鲜活的案例：

曾经有媒体报道过一则新闻，说的是某些城市的老人，子女不在身边，颇感孤独。孤独是他们要解决的问题，那么请保姆来照顾自己，可能有些行动还比较利索的老人并不需要，而且还要花钱，似乎并不划算。于是，有老人想到了一个办法，他们将自己闲置的房间低价甚至无偿提供给附近的大学生居住，条件是他们要像回到自己家一样，正常作息，陪老人聊聊天。这种一举两得的思路，实在是太妙了！闲置的房间，成为了解决问题的空间资源，得到了很好的利用。

城市和社区空间的复合利用

深圳南山的某办公园区，其地下停车场可以在周末免费停车。

这正是对周末闲置停车位的充分利用。但利用这个资源有什么目的呢？不难分析出，是为了给负一楼的餐饮商铺引流。因为这座办公园区的负一楼有几十家餐饮店铺，每逢工作日便人流如织，但到了周末，就门可罗雀。作为餐饮商家，周末两天没有客源可是一个大问题，于是将停车位这种周末闲置的空间资源作为"诱饵"来吸引客流，的确是一种运用创新思维解决现实问题的好办法。

深圳在城市建设中，越来越多的地方展现出对空间资源的创新利用。福田区创造性地在水质净化厂上方建设以足球为主题的体育公园。该体育公园地处深圳水务集团福田水质净化厂上方，占地7.6万平方米，设计、布局突出以足球为主题，球场面积达3.12万平方米，拥有2个标准11人制足球场、4个8人制足球场、2个5人制足球场，休闲广场若干，以及配套的足球文化交流厅、公共设施、便民服务设施等。公园内具体划分为缤纷足球运动区、健康活力慢跑环、生态景观长廊、智慧科技体验带等功能区域，并设计了可用于居民健身、文体活动、沐浴更衣等一场多用的弹性场地。该项目打破了思维局限，充分利用闲置资源，在寸土寸金的一线城市深圳，成为缓解有效空间不足问题的一个优秀案例。

生产型企业的空间，不仅仅可用于生产，还可以设立特别通道，向外界开放进行工业参观。早些年，广汽丰田便在车间架设空中走廊，让社会大众近距离参观和了解汽车生产，同时不会影响生产，这个举措也是对空间资源的充分利用。将这一思路进一步拓展，就出现了将整个厂区打造成景区的思路。2017年，经辽宁省旅游景区质量等级评定委员会组织评定，华晨宝马铁西工厂正式获批为国家 AAAA 级旅游景区，是国内首家和唯一一家获此殊荣的汽车生产制造厂，成为国内工业旅游项目的典范。

产品设计有窍门

产品设计要充分利用空间资源，实现一举多得。首先，能让产品在外观上显得简洁；其次，能够减小产品的体积，便于携带；最后，还能减少生产成本、物流成本等。

笔者喜欢自驾游和露营，因此研究过各种各样的便携茶具，但在便携的实现上，不同的产品设计差别还是很大的。有些只是做了一个收纳盒，将茶壶、公道杯、茶杯等收纳其中，但体积上并不能称得上便携。比较合笔者心意的是那种能够将杯子放到茶壶中（一般都是敞口的茶碗式），再将公道杯翻过来盖上，合为一体，一手就能握住的设计方式，这样就真正实现了便携茶具的最小化。

有些产品的空间利用，是通过减少零部件数量的方式（比如用一个部件实现两个功能）。小米曾经推出过一款铃木吉姆尼的遥控车，其中就有一个很巧妙的设计。车身上看不到充电插口，充电插口在哪里呢？原来充电插口就是吉姆尼的排气管。所以，一个好的设计真正能做到"不打扰用户"，这常常要归功于对空间资源的巧妙利用。

第三章

解决问题一定
要"想得开"

我们提到了要"用不同的方法",为什么要不同呢?因为我们提倡用创新的方式解决问题,而这类问题一般是用常规办法无法解决的,这才是创新思维解决问题的妙处所在。

为了更好，你必须不同

本书所有提到的"问题"，都不是按部就班即可解决的问题，而往往是在面对棘手的困局、发展的瓶颈或者雷同的疲态等情况下需要处理的矛盾问题。在这些情况下，即使我们知道一些常规手段，但经常会遇到这些手段起作用的条件不复存在，或者是这些常规手段无法达到更好的目标等状况。无论是客观限制，还是主观愿望，都到了一个"穷则思变"的地步，也就是说，要想更好地解决问题，我们必须"不同"！

中国古代画家吴道子，他在中国艺术史上取得的艺术成就与他敢于超越常规的精神是密不可分的。

吴道子刚刚学画时，曾拜一位普通的画匠为师，这位在历史上甚至没有留下名字的老画匠虽然自己在绘画上没有取得什么突出成就，但是却很懂得教育的艺术。他循循善诱，毫无保留地将自己的全部画技传授给了学生吴道子。当他发现弟子的画技已经超过自己时，又胸怀坦荡地建议吴道子另择高师，继续深造。更为可贵的是，他用自己一生总结的经验教训，教育弟子要想取得突出成就，必须破除常规，敢于走前人未曾走过的路。当吴道子即将拜离师父外出游学时，老画匠对他讲了这样一段意味深长的话："师父苟活一生，只是个村野画匠，如今你的技法已在我之上，凭你这身本领，自然可以出去闯荡了。不过，你要记住我的一句话，若要取得事业的成功，必须'不拘成法，另辟蹊径'。"

"不拘成法，另辟蹊径"八个字，正是老画匠半生心血的结晶，也成为吴道子一生学习奋斗的座右铭。吴道子在离开蒙师以后，即努力践行"不拘成法，另辟蹊径"。

首先在学习上打破旧有的条条框框，他一反传统学画的老路，不再是拜画家为师，而是拜书法家张旭为师，进行创造性的学习。张旭是唐代著名的狂草书法大师，他向来以不拘一格、敢于创造的精神为人称道，人们颂扬他为"狂"，正是对他的创造精神的肯定。吴道子跟张旭学习书法，一方面从他笔走龙蛇的草书艺术中汲取营养，另一方面学习张旭的创造精神。经过刻苦努力，吴道子终于融书法、绘画为一体，首创"兰叶描"技法。

此后，吴道子又云游祖国壮丽河山，师法自然，从丰富多彩的大自然中受到启发和陶冶，创造出不用勾勒、放笔挥洒的"泼墨写意山水画"，终于成为中国美术史上具有开创精神的著名画家。

对吴道子推崇有加的苏东坡，评论吴道子的作品是"出新意于法度之中，寄妙理于豪放之外"。

苏东坡谈到自己的书画时也说："吾书虽不甚佳，然自出新意，不践古人，是一快也。"对自己的书画水平可以自谦，但对于自己能够"自出新意"却颇为得意，可见东坡先生认为独具一格的创新是投身艺术的关键意义所在。

曾国藩谈到为文之道，说："欲学为文，当扫荡一副旧习，赤地新立，将前此所业荡然若丧其所有，乃始别有一番文境。"梁启超对此又评论道："此又不惟学文为然也"。可见推陈出新精神之重要。

在西方艺术发展史上，我们同样也能发现，那些被人们记住的画家，大多都有自己的独到之处，而不是按照固有的技法墨守成规。

西方绘画讲究反复修饰，直到看不到笔痕，而莫奈创立了一种新的绘画技巧——色彩分割法，将原先应该调和的颜色用短小的笔触并列表现出来。例如莫奈和雷诺阿在巴黎郊区一处沐浴胜地画的《青蛙塘》，就可以清晰窥见色彩分割法的端倪。

晕涂法是达·芬奇的独创技法，我们都知道他那幅名满天下的《蒙娜丽莎》，人们从不同的角度和视线去观察这幅画时，会感受到画面上人物表情的微妙不同，从而让这幅杰作蒙上了一层神秘的面纱。这正归功于达·芬奇所使用的晕涂法绘画技巧，使人在不同角度观察人物时会看到不同的口形，直接看，会觉得嘴角向下，视线若移向其他五官，就会觉得嘴角向上，好像是在微笑。

国外的研究人员通过红外线摄影灯进行研究时发现，达·芬奇的作品上最多有30层颜料，这些涂层加起来不足40微米，相当于人类头发截面的半径。达·芬奇的《蒙娜丽莎》实际上创作时间非常长，达·芬奇曾一直将这幅作品带在身边，时不时就去涂抹几下，可谓是精雕细琢。一位研究者在接受采访时说道："蒙娜丽莎脸上的某些部位至少画了30层，每一层都薄得令人难以置信。"

上述这些主动求新的案例体现了杰出人物的一个共同特质——为了独树一帜而主动跳出樊笼。另外一些人，却是因为在旧的格局上无法突破，山穷水尽而不得不选择另辟蹊径。

让我们来看一个体育界的故事。

在 1968 年墨西哥城举办的第 19 届奥运会上，美国运动员福斯贝里用独特的弧线助跑、背向横竿的过竿方法，以 2.24 米摘取了男子跳高桂冠。当时人们称为"福斯贝里式"，后称为"背越式"。从此，背越式跳高技术开始盛行，并逐步被大部分跳高运动员采用。

但在这之前，背越式是一种新的技术，这种偏离主流的跳高方式被竞争对手、记者和观众所讥笑。有些人说他是跳高队里的奇葩。

1839 年，加拿大人沃弗兰德用"屈膝纵跳"的方式，跳过了 1.69 米的高度。1864 年，英国运动员何奇首先采用"跨越式"跳过了 1.70 米的高度。1895 年，美国人斯维尼用"波浪式"（后被称为"剪式"）的新技术，跳过了 1.97 米的高度。这个纪录一直保持了 17 年。

1912 年 2 月 9 日，美国运动员霍林采用独创的"滚式"技术，跳过了 2.01 米的高度，成为世界上第一个突破 2 米大关的人。

1923 年，苏联运动员伏洛佐夫采用了当时称为"骑竿式"的新技术，后被称为"俯卧式"。之后的很长时间，是"滚式"和"俯卧式"的盛行时期。

为什么福斯贝里要"标新立异"呢？据他说，他只是无法以其他方法跳得更高，所以才不得不自己想办法，尝试能否让自己的成绩得到突破。他说："这个新方法（背越式）让我升级成为一名具有竞争力的选手，让我通过了选拔赛。我想对观众说，乍看上去这个跳法确实有些怪怪的，但作为运动员来说，新跳法的那种感觉实在是太自然了。我很奇怪为什么之前从来没有人想到过这一跳法，就像所有新出炉的那些好点子一样。"

福斯贝里的例子似乎也体现了中国的一个成语——穷则思变。当我们在原有的道路上走不通了，就应该考虑换一条路走走看，用新的思路解决问题，争取找到突破口。

在商业上，为了摆脱同质化竞争，就不能依赖传统和老路。

很多年前，法国的怪才先锋设计师可可·香奈儿这样说过："为了无可替代，你必须不同。"可可·香奈儿从创业开始就无视传统。她不喜欢女人为了看起来时尚而被迫穿得不舒适。她不喜欢紧身胸衣。所以用更加随意、简约而舒适的款式来替代。她被时尚媒体疯狂抨击，却非常坚定地宣称："奢华必须是舒适的，否则就不是奢华。"如果没有这些特立独行的思想，香奈儿也不可能成为时尚史上最重要的人物之一。也正是这些精神内涵，让香奈儿的品牌价值得以彰显。

在一般的市场竞争中，很难找到一片无人开发的"净土"，即使偶尔发现一点空间，只要有利可图，马上就有竞争者跟随而来。所以，寻找差异化，形成竞争优势是商业领域永恒不变的话题。

中国台湾地区著名的企业家、台塑集团创办人王永庆，被誉为中国台湾地区的"经营之神"。他建立的庞大商业帝国，却是从卖米起步的。

王永庆小学毕业后到台湾省嘉义县的一家小米店当了一年学徒。第二年，王永庆作出人生中第一个重要决定——自己开米店当老板，启动资金是父亲向别人借来的200块钱。卖米看似简单，其实又谈何容易？米店到处都是，很多米店都有固定的顾客，如何在众多米店的竞争中打开局面？16岁的王永庆展现了超强的营销能力，他选择了差异化这条道路：别人是开店坐等顾客上门，他就挨家挨户上门推销，而且还免费给客户掏陈米、洗米缸，在维系客户关系上用尽心思。此外，当时大米加工技术比较落后，出售的大米掺杂着米糠、沙粒和小石头，其实大家都见怪不怪了，但王永庆在每次卖米前都把米中杂物拣干净，让自己的产品具备差异化优势，让客户更省心。此外，他还动脑筋在很多小细节上下功夫，比如统计客户家中人口、用米量，并记录在本子上，算出客户大米用完的大概时间，到日期就主动上门；帮忙擦洗米缸，将陈米倒出来，放到新米上，避免缸底的米存放时间太长；在客户发工资的时候去讨要米钱……几年下来，米店生意越来越火，王永庆筹办了一家碾米厂，同时完成了个人资本的原始积累，逐步走向了人生巅峰。

通过王永庆的故事，我们可以看到，"不同"并不一定是惊天动地的颠覆。哪怕是卖米这个普通的工作，也可以利用"不同"的思路在竞争中取得优势。

可如何才能想到"不同"呢？我们必须有想象力。

没有想象才不可想象

爱因斯坦认为"想象力比知识更重要"。想象让我们看到不同的世界，到底什么是想象呢？

想象是对记忆中的素材进行加工改造的思维活动。心理学家认为，大脑有四个部分：接收外部世界信息的感受区；将这些感觉信息搜集整理起来的储存记忆区；评价所获得的信息的判断区；按照新的方式把旧信息和新信息结合起来的想象区。

赫拉利在《人类简史》中认为，认知革命催生了智人创造虚构故事的能力。这种故事并不直接对应于任何物理的、直接经历的现实。这似乎就是人类的想象力的发展过程。

人类早期想象力的发展足迹，可以从德国霍伦斯坦—施塔德尔的洞穴中被发现的大约完成于公元前3万~4万年的狮头人雕塑，一路延续到法律、国家、公司和宗教等概念的形成。

中国四大名著之一的《西游记》，除了唐玄奘，其他人物都是想象出来的，而九九八十一难，每一难都有不同的特色，体现了想象世界的多姿多彩。

想象的空间，一定是要异于常规的！

安徒生的祖母是精神病院的园丁，安徒生在那里遇到一位疯女人，听她讲满是女巫、精灵和魔鬼的故事，这启发了安徒生用意识流即兴讲故事的方法。为什么疯了的人能够如此？因为他们的思考模式异于常人，他们脱离了正常的理性思考的框架限制，可以让思维自由自在地飞舞。

法国著名作家雨果说："没有一种心理机能比想象更能自我深化，更能深入对象，它是伟大的潜水者。"

俄国文艺批评家别林斯基说："在诗中，想象是最主要的活动力量，创意过程只有通过想象才能完成。"

19世纪德国著名音乐大师舒曼曾说："音乐家的想象越丰富，他的作品越能激励人和吸引人。"

想象力不仅仅对文学和艺术重要，对科学同样具有非凡的意义。

德国著名数学家希尔伯特在与朋友谈到他的一个学生时，曾做过非常有趣而精辟的说明："他已经去当诗人了，对于数学来说，他太缺乏想象力了。"英国数学家布洛诺夫斯基也在《想象的天地》的演讲中指出："所有伟大的科学家都能够自由地运用他们的想象，并且听凭想象得出一些狂妄的结论，而不会叫喊停止前进！"

科学到了最后阶段，必然会遇上想象。在圆锥曲线中、在对数中、在概率计算中、在微积分计算中、在声波的计算中、在运用于几何学的代数中，想象都是计算的系数，于是数学也成了诗。

德国物理学家普朗克说："每一种假说都是想象力发挥作用的产物。"英国物理学家延德尔说："作为一名发明家，他的力量和多产，在很大程度上都应归功于想象力给他的激励。"原子核物理学家卢瑟福说："出色的科学家总是善于想象的。"

也正因为科学的想象，人类才能将世界推动着一直向前发展。凡尔纳说："只要一个人能想象的，就有另一个人能将它付诸实现。"他在莱特兄弟造出飞机之前的半个世纪就已经构思出了直升机的雏形，还在《月亮旅行记》中描述过几个炮兵坐在炮弹上被大炮发射到月亮上的场景。此外，他还构思了坦克、导弹、潜水艇、霓虹灯等。据说宇航开拓者之一的齐尔斯基就是受到了凡尔纳的启发从而选择投身星际航行理论的研究。发明潜水艇的莱克在自传中说："凡尔纳是我一生事业的总指导。"

达·芬奇既是艺术家，也是科学家，他对想象力有自己独到的理解："我不能不提及一种研究的新方法。尽管这种方法看上去似乎微不足道，而且几乎是可笑的，但是它在激发思维以产生各种各样的发明上却极其有用。也就是说，当你看到一面墙上沾满污点的时候，你或许能够发现它们多么类似于各种美丽的风景，有群山、河流、岩石、树木。或者说，你能够看见战争和各种人物，或者是奇怪的面孔和服装，以及无穷多的各种物体，你可以把它们变成完整的、清晰的图画形式。"

米哈里·契克森米哈赖是积极心理学领域一位非常杰出的学者，也是研究人类想象力的最著名的心理学家之一。在20世纪70年代，他同自己的合作者雅各布·格策尔斯一起进行了一项开拓性研究，阐明了想象力在个人取得成就方面的重要作用。

芝加哥艺术学院的31名学生自愿成为被测试者，研究人员整理出一个房间，并在里面摆上了艺术品和一些实物（包括一顶天鹅帽子、一把铜管圆号、一本古董书和一面玻璃棱镜），这些年轻的艺术家们可以以这些东西为灵感，进行静物写生。每个学生单独进入房间，工作人员会告诉他们在写生之前要花时间仔细观察，并挑选出要临摹的实物。

当米哈里·契克森米哈赖和雅各布·格策尔斯分析数据时，发现学生们分成了差异明显的两个类型：一些学生会抓起一件实物，马上开始临摹。而另外一些学生采取了相反的策略，他们用了大量时间来接触多个实物，采取的是一种探究性的态度。

之后，评委们给出的得分显示，那些抓起实物便临摹的学生得分较低。而七年之后，通过对这些学生的社会成就进行调查发现，怠于思考的学生很少在专业上获得仰慕者，很多还放弃了绘画生涯，而另外那些爱探究的学生，则大多成了专业画家或者美术教师。

这一研究的结论是：那些习惯展开想象，而不是简单完成任务的人，更容易取得高成就。

想象力是如此重要，曾有一位妈妈，为了呵护孩子的想象力，甚至将幼儿园的老师告上了法庭。1968年，美国内华达州一位叫伊迪丝的3岁小女孩告诉妈妈，她认识礼品盒上"OPEN"的第一个字母O。这位妈妈非常吃惊，问她怎么认识的，伊迪丝说："是藏拉小姐教的。"这位母亲在表扬了女儿之后，一纸诉状把藏拉小姐所在的劳拉三世幼儿园告上了法庭，理由是该幼儿园剥夺了伊迪丝的想象力，因为她的女儿在认识字母O之前，能把"O"说成苹果、太阳、足球、鸟蛋等很多圆形物体，然而自从劳拉三世幼儿园教她识读了这个字母，伊迪丝便失去了这种能力。她要求该幼儿园对这种后果负责，赔偿伊迪丝精神伤残费数万美元。

诉状递上去之后，在内华达州立刻掀起轩然大波。劳拉三世幼儿园认为这位母亲疯了，一些家长也认为她有点小题大做。她的律师同样不赞同她的做法，认为这场官司是浪费精力。然而，这位母亲坚持要把这场官司打下去，哪怕倾家荡产。

三个月后，此案在内华达州立法院开庭。最后的结果出人意料：劳拉三世幼儿园败诉了。

这位妈妈的做法让人惊讶，但也让我们看到一位母亲为了呵护孩子宝贵的想象力而付出的努力，笔者没有考证这个故事的真实性，但即使当作一个寓言故事，这位妈妈的态度也是值得我们思考和学习的，我们必须高度重视想象力的重要性。

那么，对于我们每个人来说，怎样才能锻炼自己的想象力呢？

最重要的一点是不要满足于所谓标准答案和唯一答案，学习多角度思考。谚语云"条条大路通罗马"，如果我们多探索，寻找更多的途径解决问题，就能带来新的发现，实现突破和创新。否则，我们就被标准答案和唯一答案锁定了思维。

以孩子们都爱玩的乐高玩具来说，笔者对各种预先设定的造型是反对的。其实，乐高玩具在发展的初期，并没有预先设计这么多款式。20世纪70年代，乐高的产品不附带任何指导书，他们在给孩子父母的信中写道："孩子们的创造欲总是如此强烈，不管是男孩还是女孩。这种创造欲是由想象力驱使的，它并不是什么专业技能。孩子们可以搭建所有他们头脑中设想的物品，以任何想要实现它的方式——它可以是一张床或者一辆卡车，也可以是一栋洋娃娃的房子或者一架宇宙飞船。"

可是后来呢？乐高推出了无数个特定的造型，军舰、花园、白宫、跑车，等等，吸引着孩子们多次购买。包装盒上已经是成品的样子，孩子们需要做的就是按照说明书，一步步去组装起来。但笔者认为，这个过程更多的是考验了耐心，锻炼的是执行能力，而不是想象力。

所以，笔者的儿子小时候玩乐高，笔者总是鼓励他按照自己的想法，随心所欲地去创造，至于原本设定的造型是什么，根本不重要。

儿子小时候睡觉前喜欢听故事，有时候笔者也会给儿子讲绘本里的故事，讲到无聊时，笔者便会自由发挥，天马行空地编造一些情节，还把家人都编到故事里，儿子听得哈哈大笑。现在想起来，依然感受颇深，那些绘本是别人的想象力，我们每个人也有想象力，为什么不可以自由发挥呢？而编造故事也不是那么容易，需要大脑飞速运转，这正说明，想象力需要锻炼和培养，但只要你乐于此事，每个人的大脑都能够展开翅膀。

甚至我们每个人活着，都活在对未来的想象当中，哪天若我们没有了想象力，那才真是不可想象！

大胆想象吧！我们要相信，我们遇到的问题，终将会有更好的答案！可是，脑海里仿佛有声音在说：我也好想展开想象，可是我"想不开"啊！既然如此，我们接下来聊聊如何"想得开"。

汽车 = 四个轮子 + 一张沙发

吉利汽车的创始人李书福，一个曾经走街串巷、做照相生意起家的普通人，最后能够收购沃尔沃，入股梅赛德斯，得益于他总是能够用简单的眼光去分析复杂的问题，当年那句"汽车就是四个轮子加上沙发"的金句曾经让很多人当作笑柄。但只知道吃瓜看笑话的人不少，明白其中道理的却不多。李书福的话尽管看上去非常简单粗暴，但这句话给我们真正的启示却是，很多新事物，其实就是我们熟知的旧事物的组合。

这就是寻找问题解决方案中的"加法"思维。

拼接组合

两种或者两种以上的旧事物组合在一起，形成了一个新的事物。此种思路尤其以有形的物体最为常见，也最为我们所理解。

大家也许会困惑，到底什么和什么相加呢？作为思路的拓展和发散，我们可以学习一种"乱点鸳鸯谱"的方法。

软银董事长孙正义，在商界是一位极具投资眼光的企业家，收购雅虎、持股阿里巴巴等，都是孙正义的得意之作。2019年11月16日，胡润研究院发布《2019胡润全球独角兽活跃投资机构百强榜》，软银排名第3位。

孙正义从小就极具经商天分，常常帮父亲的生意出谋划策。

在 16 岁那年，他毅然决定离开日本到美国留学。在美国期间，孙正义主修经济学，当时他就在思考，靠打工存钱太慢，要靠发明赚钱，并且把这些发明商品化，进行样品测试、申请专利，这些经验在孙正义后来的创业中发挥了巨大作用。

孙正义认为，集中心力从事一项发明的风险太高，不如多想出一些点子从中筛选。为了累积想法，他规定自己每天至少想出一个点子，并给自己设定了 5 分钟的发明时间，在 5 分钟内尽情发挥想象力，并记录自己的想法。

他的方法十分独特，先是大量制作写着不同关键字的字卡，然后随机组合、排列，比如以"全自动""高速""随身型"等关键字为基础，随机加上"洗衣机""翻译机""机车"等，把两个完全不相干的词组合，得出一个新事物。一年下来，孙正义的发明笔记中便记录了 250 项发明的想法。

这个方法也让孙正义发明出附加语音功能的自动翻译机，为他赚得第一桶金。

孙正义的方法十分值得我们借鉴，要注意的是，通过"乱点鸳鸯谱"进行随机组合只是为了拓展思路，组合的结果是否能够解决问题，还需要在实践中检验。一般来说，这种组合式方案只要不是胡乱组合就能实现，但使用场景的相关性是一个值得重视的因素。例如，台灯的基座搭配一个无线充电器，便非常符合人们的实际需要。台灯放在桌上或者床头柜上，人们顺手就可以把手机放在上面充电。还有一款冰箱，在冰箱门上整合了一个塑料袋真空封口机，也非常匹配人们储藏食物时的使用场景。但如果在打印机上整合一个吹风机，在正常使用场景下，便显得有些匪夷所思。

想出一些拼接组合构成新事物的点子或许不难，难就难在要真正解决实际问题。

一家公司在非洲某国卖风扇，尽管风扇的用材考究、做工精细，但销路却不好。调查后发现，因为当地很多地方电力紧张，甚至没有供电系统，所以再高档的风扇都无法正常使用。于是该公司在风扇底座上整合了一个蓄电池，白天通过太阳能充电，晚上就可以正常使用风扇了。同时，为了方便照明，又在风扇上增加了LED灯。另外，随着当地的手机逐渐普及，于是把USB充电口也增加上去了。用户需要什么就增加什么，这样的组合式创新，就解决了实际问题。

穿衣戴帽

1938年12月，卓别林写成剧本《独裁者》，准备拍成电影，但派拉蒙电影公司说，他们曾经拍摄过闹剧《独裁者》，所以这个名字属于他们，如果卓别林要用这个名字需要支付2.5万美元的名称转让费，否则就要诉诸法律。

怎么办呢，通过一系列的附加变化，卓别林构思出《新独裁者》《现代独裁者》《大独裁者》《独裁者之王》等替代方案。最后的名称采用了《大独裁者》。

主体保持不变，添加另外一种事物，达到区分、遮盖、隔绝、缓冲、掩护等作用，也能够解决某些问题。有一家卖鸡蛋的，在包装盒上写着"这就是土鸡蛋"几个大字，结果发现鸡蛋的商标叫作"这就是土"。上述做法违反商业道德，涉嫌欺诈，我们应该坚决反对，但这种思路只要用在正途上，也能帮助解决问题。

聚沙成塔

一粒沙或许微不足道，但无数的沙可以聚积成塔。无数微小个体的组合，就能形成规模效应，塑造新的形态。

广州市增城区自然条件优越，风光秀丽，是珠三角重要的旅游目的地。当地有很多村民都将自家的闲置房屋改造成民宿、旅社、餐馆，但存在良莠不齐、资源分散、声誉不佳等现象。民宿数量不断增加，如何提升质量、增加客源成为主要问题。

2014年，增城区政府为规范和推动民宿发展，正式启动实施"万家旅舍"计划，并成立了广州增城万家旅舍管理有限公司，本着自愿加盟、严格管理、分散经营、依法登记的发展原则，通过积极引导、招商引资，对全区的民宿进行统一管理，统一推广。

2016年，广州增城万家旅舍管理有限公司建立起"万家旅舍"电商平台，通过推广销售民宿、门票、土特产、定制旅游线路等类型的产品，扩大销售渠道，并于2018年出台《万家旅舍加盟店管理办法》，促进民宿经营服务和运营管理标准化，总体提升了民宿的服务质量和水平，实现销量和口碑双增长。经过几年的发展壮大，目前公司已在全区11个镇街发展起一批优质的精品旅舍，推出10余条精华旅游路线，吸引了大批来自广州、深圳、东莞的游客前来增城旅游。增城"万家旅舍"，已成为增城乡村休闲旅游度假的一个亮丽品牌。

政府牵头，将零散的民宿、旅馆通过统一的品牌和支持政策，形成一个规范的体系，打造一个统一的品牌，获得广泛的市场影响力。这是应用聚沙成塔的创新思路在实践中解决问题的一个典型案例。

新瓶装旧酒

这是关乎形式和内容的加法。

2020年3月，深圳开始推行全民接种新冠疫苗，这是一项重要的防疫措施，如何做好宣传工作非常重要。深圳市卫健委组织团队进行宣传标语的策划和撰写，其中一条"我们一起打疫苗，一起苗苗苗苗苗"的标语亮相后，迅速引起了关注，并在网络上快速传播，还登上了微博热搜。这就是宣传内容和生动宣传形式的巧妙融合。宣传的内容是"疫苗"，而"我们一起学猫叫，一起喵喵喵喵喵"是网络时代大家耳熟能详的旋律，于是，"苗"和"喵"的谐音形成了关联，成为一个充满创意的"铆钉"，让大家一边忍不住哼起歌曲，一边对政府部门的号召欣然接受。

如果说，政府的宣传内容还是之前的"旧酒"，那么新的语言形式就是"新瓶"，瓶子焕然一新，便引起了新的关注。

旧瓶装新酒

有些"瓶子"虽然是旧瓶子，但旧瓶子有的时候拿出来，也可能会有出乎意料的效果。所谓复古风就是这个道理。

汉服从诞生至今已有上千年历史，可谓地地道道的"旧瓶"，但随着古风、古装的流行，其布料和款式等却一直在推陈出新。

长城汽车近年来推出了一些复古车型，表面上看是"旧瓶"，但车身内部，无论是底盘、动力系统、电气系统等各个部件，都不是当年的老爷车可比拟的。

加入中介物

如果两种事物Ａ和Ｂ之间的相互关系出现了冲突，怎么办呢？可以在其中加入第三者Ｃ，来缓冲这种矛盾。

以生活中的日常来举例，我们去咖啡店点一杯咖啡，如果是纸杯，太热或者太冰的情况下，拿在手里都不太舒适，所以一般咖啡店都准备了瓦楞纸做的杯套，这就是在Ａ（纸杯）和Ｂ（手）之间加入了中介物Ｃ，缓冲了Ａ和Ｂ之间的冲突。

中国人做买卖，一向讲究"一手交钱一手交货"。当淘宝刚刚起步的时候，就出现了卖方和买方的矛盾。卖方先发货担心收不到款，买方先付钱又担心卖方不发货。所以，急需在买卖双方之间加入中介Ｃ，支付宝便应运而生。买家将钱转到支付宝，收到货后再确认，支付宝才会将钱正式转给卖家。这个重大的突破，极大推动了中国电商的发展！

与之相似的是，在很多场景（快递、外卖、网约车等）下，我们需要给别人提供自己的联系方式，但是又担心隐私泄漏带来风险或不便。于是，很多平台通过技术手段屏蔽了我们和快递员、骑手或司机的真实联系，在双方之间加入虚拟号码，这就是信息的保护中介物。

这个思路很快扩散到更多应用场景中。比如，我们常常根据需要在自己的车窗下放一个挪车电话号码牌，但这样做，会给一些收集个人信息的不法分子可乘之机，所以就有一些公司提供技术服务，用二维码代替手机号码。想联系车主时就扫二维码进行联络，避免了车主的真实手机号码被泄漏。

实际上，类似的思路早些年就有应用了。当时，电信运营商提供了一种"秘书服务"：有人打电话来，由运营商的话务员代为接听，并代机主传达信息。这是在电信用户的联络中加入了中介物——话务员，解决了很多用户的一个痛点：某个时期不方便接电话，但又担心错过重要的沟通信息。

甚至，加入中介物的思路在国际关系中也常有应用。

当年，中美两国建交之前，有一些外交信号的传递会通过印度等国家来进行。而2023年，中国又成了沙特和伊朗握手言和的中间人。

总之，加入中介物解决矛盾问题的案例比比皆是，这一方法大有用处！

深度融合

如果把水果拼盘比作物理上相加的结果，那么将多种水果做成混合果汁，或者两种以上化学药品混合之后产生反应形成新的物质，可理解为"融"——一种更高形式的加法，这意味着边界消融，你中有我，我中有你。

融合式相加在科学、文化、艺术等方面的体现非常多。

在艺术方面，周杰伦说："想办法把感觉完全不同的东西糅合在一起，就是我寻找灵感的必杀技！"从《威廉古堡》《爸，我回来了》到后来的《东风破》《发如雪》《青花瓷》，以及与费玉清合作的《千里之外》，都体现了他将中西方文化与不同音乐风格融合相加的创作思路。

不同的思想融合，便产生了新的思想。

《吴子兵法》曾与《孙子兵法》齐名，由战国名将吴起著，是反映古代军事思想的代表作之一。《吴子兵法》主张"内修文德，外治武备"，把政治和军事紧密结合起来，所谓"文德"，就是"道、义、礼、仁"，并以此治理军队和民众。认为"民安其田宅，亲其有司""百姓皆是吾君而非邻国，则战已胜矣"，强调军队、国家要和睦。所谓"武备"，就是"安国家之道，先戒为宝"，必须"简募良材，以备不虞"。书中把战争区分为义兵、强兵、刚兵、暴兵、逆兵等不同性质，主张对战争要采取慎重的态度，反对穷兵黩武。从整体而言，《吴子兵法》融合了儒家和兵家的思想，但很难说，具体某个观点一定是儒家的或者兵家的，只能说作者的思想受到了这两大思想体系的影响，并进行了有机结合，也难免会有自己新的思想贯穿其中。

不同的学科融合，便拓展了学科的边界和深度。

保罗·萨缪尔森是美国著名经济学家，1970年诺贝尔经济学奖得主，美国麻省理工学院经济学教授。萨缪尔森是凯恩斯主义在美国的主要代表人物，他融合了新古典主义经济学，创立了新古典综合学派。1970年，55岁的萨缪尔森成为第一个获得诺贝尔经济学奖的美国人。

萨缪尔森首次将数学分析方法引入经济学，帮助经济困境中上台的肯尼迪政府制定了著名的"肯尼迪减税方案"。更惊人的是，在萨缪尔森的经济学理论中，很多内容受到了医学和物理学的启发。他阅读医药学期刊，寻找可以转化为经济学的想法，如医学中的孟德尔定律。他还将热力学平衡原理应用在经济学上，这些创新思维在经济学上的应用，带来了巨大的改变和影响。

近些年来，不管是在思想、科学，还是在技术等领域，跨界融合的前景越来越被重视。

美国科学促进委员会（AAAS）的执行主席艾伦·莱斯纳在科学界颇有影响，AAAS是当今世界最大的科学组织，其《科学》杂志拥有100万以上的读者。他曾说过："以学科为基础的科学已经死亡""目前大多数的重大进展都涉及多个学科，只有一位作者署名的论文越来越少"。人员的流动、科学技术的融合，以及计算机技术的飞跃，导致了现在人类面临的交叉点比历史上任何一个时期都要多。

越来越多的企业通过"融"的思维来解决发展的各种问题。产品研发、组织管理和市场开发等各个方面，打破边界，让以前泾渭分明的不同部分产生"融"的变化。

比如在产品方面，让使用者、设计者、制造者等角色产生交流和互动。2015年，通用电气发布了数字化X射线影像系统iDR。在其研发过程中，采用了"请进来"和"走出去"的方式，把客户、合作伙伴引入从概念设计、用户体验到产品评估的研发创新全流程中。

又比如在组织方面，很多企业通过建立流程型、项目型组织，通过产品官、产品经理、项目经理、流程经理的创新型人才体系，打破"部门墙"，能够解决部门壁垒造成的沟通效率低等问题。

在市场方面，传统的业主、雇员和顾客等身份边界被打破，比如移动出行行业，一些专车司机并非出行公司的雇员，而是自带车辆的合作者，拼车的乘客在另外一些时候可能是拼车的司机。

从"融"的字义去考察，我们发现，"融"有融合、长久之意，还有"其乐融融"等富有中国人生活场景的正面联想。事实上，"融"的理念的确也能给一个公司带来很多经营哲学上的启发。

2010年前后，腾讯攻城略地，如日中天，因为有海量黏性用户。腾讯的业务发展充满了侵略性，什么新业务被腾讯盯上了，就会被快速复制，所以业界将腾讯称为"抄袭大王"，后面发生的3Q大战正是这种背景下的产物。这一场风波影响深远，据财经作家吴晓波评论说，"在腾讯史上，3Q大战的确是里程碑式的事件，它甚至在某种意义上改变了马化腾的性格，他开始重新思考腾讯的平台策略，以及公共属性，在外部沟通上，他也渐渐变得柔软和开放"。

此后，腾讯的确从"杀气腾腾"转向了"融合发展"。其中最重要的是资本和流量。首先，腾讯对看好的领域不再固守控股，而是参与式，只求共生，不求拥有。其次，在流量方面，将原先封闭的公司内部资源向合作的第三方开放，包括API、社交组件和营销工具等。

通过"融"，那些"××的腾讯"之类的骂声渐渐消失。腾讯将自己的肌体和社会外界进行了深度相加，融为一体，共谋发展。

写到这里，笔者似乎把一个"加"的思维拓展得有些"离谱"了，这算是想象力发挥了作用吗？但回归本质，这一切看似眼花缭乱的讨论，其实都是加法（融合）在解决问题方面所体现的魅力。

Hello Kitty 为什么没有嘴

Hello Kitty 是一个人人都很熟悉的卡通形象，设计这个形象的公司宣称这不是猫，而是个女孩，但哪个女孩能长成这样？不过没有关系，不管是不是猫，总之，Hello Kitty 就是在我们眼中惹人喜爱的小可爱。为何 Hello Kitty 能够俘获全世界无数男女老少的喜爱之心？其中一个隐藏的秘密是，在这个形象中，设计师偷偷"减"去了她的嘴巴。

对于人类而言，嘴是一个能够充分表达情绪的器官，嘴角的上扬或者下压，能够表达喜悦或者悲伤。人类有一个心理特征叫作"投射"，当看到没有嘴的 Hello Kitty 时，人的大脑会自行脑补，将自己的情绪投射到 Hello Kitty 上，从而让这个小可爱似乎永远都是和人类心灵相通的伙伴。你心里在笑，她就在笑；你心里想哭，她陪着你哭，她的表情是万能的。这就是充分利用了人类心理，用减法实现的伟大设计。

加法可以把简单的事情变得复杂；而减法可以把复杂的事情变得简单。我们接受和理解加法容易，对待减法却往往有一种天然的抗拒，为什么呢？原因是，加法往往意味着更多，意味着"拥有""扩张""占有"；相比而言，减法意味着"舍弃""放弃""失去"这些偏向负面的心理感受。心理学家认为，这或许与人类在长期的生存历史中形成的获取物品后对大脑特定区域的奖励机制有关，这就导致了从直接的心理感受来说，减法似乎没有加法那么容易让人接受。

Hello Kitty"减"去了嘴巴，却获得了表现表情的更多可能性，这说明，减法思维在某些时候能够比加法思维更有效果。

美国爵士音乐家查尔斯·明格斯曾说过："把简单的事情变得复杂，是平庸之辈；把复杂的事情变得极其简单，是真正的创造力。"查尔斯·明格斯无疑认为，做加法相对容易，而做减法则难得多。

《小王子》作者安托万·德·圣－埃克苏佩里也指出："完美无缺，不是增无可增，而是减无可减。"因此，用减法解决问题并不容易，它对我们的固有思维是一个较大的挑战。拿起一把无形的剪刀，去裁剪，让事情变得更简单，这是思维的艺术。

做减法，该减去什么呢？

减去"无用""有害""高成本"的部分。生活中，我们剪掉过长的指甲、头发，削掉苹果变质的一小块，这些都是显而易见的减法，减去的是那些无用或者有害的部分。

在产品设计方面，商店里可以出售整杯的咖啡，也可以去除其中的大部分水，出售咖啡浓缩液，再进一步还可以减去所有水分，销售咖啡冻干粉。这个产品的进化过程是对一杯咖啡中的水分做了减法。占据更多体积和重量的水，对商家而言，无论是运输还是储藏，都会增加成本；对用户而言，水越多，携带越不便。水被减去之后，相比整杯的咖啡，咖啡浓缩液和咖啡冻干粉的体积和重量大大减少，给商家和用户都带来了极大的便利。这个过程中减去的水就是我们所说的无用且增加成本的那部分。

在商业模式上，连锁理发店"优剪"在发展之初便专注于普通剪发，而将染发、烫发等其他业务去掉，满足了城市中许多注重时间效率和理发成本的人群，尤其是普通男士的理发需求。染发、烫发等业务需要更加专业的设备、人员来维护，减去这部分，专注于普通剪发，这是互联网品牌"优剪"打开市场的成功之处。

马斯克在最初创建 PayPal 时，本打算将其做成一个大而全的系统，为客户提供所谓"整合性的金融服务"，结果发现，每次给客户介绍自己的系统，和竞争对手相比都乏善可陈，客户没有太大的兴趣。但在介绍系统里面有一个用电子邮件进行支付的小功能时，却能马上吸引客户的兴趣。为了在众多的竞争产品中脱颖而出，PayPal 被重新设计，将重点放到了电子邮件付款上，从而一炮走红。在这个案例中，马斯克所给方案中那些对客户没有吸引力的功能，可以被视为"无用"的部分，所以大胆采取了减法，以便聚焦于差异化的机会点，从而形成产品优势。

同样，在特斯拉的研发和生产中，马斯克也无数次用到了减法。在解决机器人总是无法抓稳电池这个问题时，马斯克质问电池上面的玻璃纤维是干什么用的，有人说是为了降噪，马斯克让团队测试去掉玻璃纤维是否有区别，结论是没有发现明显区别。马斯克大手一挥："砍掉它们"。类似的电池触点上的塑料帽、底盘上的某些螺钉，他都要质疑一番，如果没有证据表明非要不可，那就"砍掉"。

在企业管理中，有太多的无聊会议，有太多的垃圾文字，都应该让减法发挥功效。笔者身边有不少在广汽丰田工作的朋友，他们说，丰田的日常工作沟通文件有一个很大的特色是"一张纸解决问题"——在一张纸上，将问题背景、解决方法等内容都讲清楚，无论是多复杂的问题，都力求用一张纸搞定，这就极大地减少了我们常见的那些工作报告中大段大段的冗余说明，让工作效率得到了很大的提升。

在社会治理方面，国家推出的"双减"政策，就是针对义务教育阶段学生的情况，通过法律法规手段，减少学生的作业负担和校外培训负担，以便让学生能够全面健康发展。过多的课业负担、课外辅导，是"有害"的，而且也会产生巨大的花费，因此做"减法"是必要的。

在减法的实施过程中，要注意的是被减的部分，其原有功能该如何处理。

比如某公司为了防盗，雇请了一个人加上一条狗驻守在仓库。后来将人减掉了，只剩下狗。最后连狗都不要了，只将狗的声音定时播放一下虚张声势即可。在这个过程中，维护成本一再降低，但核心功能——防盗，一直以某种形式保留着。

有些时候，因为某种"害处"想"减"去一些东西，但那些东西同时也带有某些用处。这种情况该如何处理呢？

笔者的儿子提供了一个生动的案例。他初中的时候每天都骑车去上学，但他喜欢在路上耍酷，用自行车玩一些花式动作，所以他希望自行车上的附件少一些，让自行车更加灵巧。座位下那把钢丝锁成了他的眼中钉，但如果把锁去掉，自行车停放在学校又不安全。后来他想到了一个两全其美的办法：将锁固定在学校停车位旁边的铁栏杆上，到了学校才用锁锁车，离开学校时将锁留在栏杆上，从此他在路上就再也没有那把锁的负担了。这样做减法的关键点是要将原有部件转移到相关的环境中，以便继续保留其功能。

"壮士断腕"焕然新生

上文提到，减去那些"无用""有害""成本高"的部分，这不难理解。但如果把看起来有用，甚至还是核心功能的部件减去，是不是疯子？笔者将此比喻为"壮士断腕"，可见这完全是一种非常大胆的决策。

"壮士断腕"的目的不是别的，而是为了实现焕然新生。为什么呢？让我们看一个例子。

一家生产洗衣液的公司，面对同质化竞争的市场，开会讨论如何研发创新产品，在市场中取得优势。

他们分析了洗衣液的成分：去污的活性成分、香精、增加黏性的黏着液。就这么几种原料，怎么创新呢？有人提出能否减去某种成分，这时居然有人大胆提出减去去污的活性成分。没有去污能力了，还能叫洗衣液吗？公司负责人灵机一动，干脆就叫"衣物清新剂"吧！于是一个新的品类产生了！

这种"壮士断腕"式的减法策略，直接对准核心要素下手，貌似最不可行的办法，却往往逼迫我们摆脱了传统的思维框架。

回想一下，曾经我们认为按键是手机必不可少的部件，但随着触摸屏的应用，有实体按键的手机反而难觅踪迹。曾经，商店里面必须要有营业员，汽车里必须要有驾驶员，而现如今无人售货机和无人驾驶车辆的出现又一次刷新了人们的认知。

按照这个思路，我们可以在平时大胆训练一下。比如，我们常吃的一道家常菜水煮肉片，肉片毫无疑问是"灵魂"，但如果把肉片去掉呢？有何不可？一道新菜水煮豆芽或水煮莴笋便诞生了。

减少流程和步骤

日常生活中，动动脑筋，也会发现"减"去某些环节的好处。

比如晾晒衣服，很多人常常将洗衣机洗好的衣服挂到阳台去晾干，等衣服干了从衣架上取下来，抱到屋子里堆在床上，之后一件一件地去整理放入衣柜。其中一些衣服，如衬衣，需要重新用衣架挂到衣柜里。这个流程就存在改进的空间。对于那些需要重新挂到衣柜的衣服，其实可以直接将其与衣架一起，从阳台拿到衣柜里即可，没有必要先取下来再挂上去。

企业中存在大量的工作流程。在这些工作流程中便有很多可以做减法的地方，值得我们去深入思考。减少一些步骤，往往会带来成本缩减、次品率降低等诸多好处。

亨利·福特在其《我的生活与工作》一书中提到了一些提高生产效率的方法，其中就涉及流程的减法。他提到："有人告诉我们不能直接把铁水从高温炉里浇入模子，通常的方法是先将铁水变成生铁，让它们晾一阵子，然后再重新熔化用来铸造。但是在罗格河的工厂里，我们便从高温炉里直接将铁水浇入模子里进行铸造。"这样的减法对效率的提升是显而易见的。

苏格拉底说，任何问题最可能的解决办法往往是步骤最少的那个。尤其在思考一些相对难以理解和计算的问题时，如果我们能够减去对某些过程环节不必要的思考，抓住核心部分，就能找到答案。请看这样一个问题：

现在有两个相同的500毫升的杯子，A杯装了200毫升的牛奶，B杯装了200毫升的咖啡，如果先从A杯中盛出一勺牛奶倒入咖啡中，搅拌均匀，然后从混有牛奶的B杯中用相同的勺子盛一勺倒回A杯中。请问是牛奶中的咖啡多，还是咖啡中的牛奶多？

对于这个问题，我们如果去纠结其中的过程，就会觉得有一些复杂。但如果我们的思考点聚焦于勺子，就很快能够分析出来。也就是说，当时从A杯中出去了一勺纯牛奶，回来了相同体积的一勺牛奶和咖啡的混合液，相当于一部分牛奶被置换成咖啡了。我们不用关心到底有多少被置换了，有一点是可以肯定的，即就是有多少体积的咖啡在这个勺子里，就有多少体积的牛奶被留在了B杯中。所以我们只要盯住勺子一去一回这两个步骤，总体来看是一个等量置换的过程，结论就是牛奶中的咖啡和咖啡中的牛奶一样多。

减少不必要的选择

有一句幽默的网络用语说："只有小孩才做选择，成年人全都要。"这当然是痴人说梦。不管是小孩，还是成年人，都常常面临无数的选择。但无疑，做选择是伤神费脑的。14世纪的法国哲学家布里丹曾提出一个著名的悖论：一头驴面对两堆一样优质且可以吃到的干草，它会被饿死，因为它无法选择吃哪一堆。

对于我们人类来说，患得患失是一种常态。无数人在选择中产生焦虑，无所适从。所以，在很多情况下，过多的选择对我们来说并非好事。

国外有研究人员做过实验，他们在一家杂货店设置了果酱样品陈列桌，试图分析出哪种陈设更容易诱发顾客的购买行为。他们在某一个周日仅提供了6种样品，在另一个周日则提供了24种。结果发现有1/3的顾客在展示样品更少的第一个周日试吃后购买了果酱，但在提供更多选择的那个周日试吃后购买了果酱的顾客只有3%。这说明大量冗余的选项实则降低了顾客的购买欲望。因此后来有不少商家注意到这个现象，对每个品类不再盲目增加选择数量。

为什么选项过多的时候，顾客的购买欲望反而会降低呢？主要有两个原因，一是比较太多产品本身就非常耗费时间和精力；二是顾客在心里总会担心自己的选择不是最好的选择，那么干脆就不买了，免得自责。

选择意味着要开动脑筋对选项反复地进行比较和思考，这真的是一件非常耗费能量的事情。一些"干大事"的人，就会避免在那些他们认为的"小事"上耗费精力，最简单的做法就是最大限度减少多余选项。

苹果公司创始人史蒂夫·乔布斯的衣柜里是几十件一样的黑色高领毛衣和李维斯501牛仔裤，以简化服装的选择。奥巴马也有类似的"癖好"，"你看，我只穿灰色或者蓝色的西装"他在2012年10月接受《名利场》采访时说，"吃什么，穿什么，这些小事我是不管的，因为有更多大事需要我来决策。"

乔布斯和奥巴马，因为他们的精力都聚焦在自己的事业上，所以简化了生活中的一些吃穿选择。对于我们来说，了解和学习这种有所为有所不为的生活态度即可。如果我们对吃美食和装扮自己有兴趣，也大可不必为此羞愧，要不然生活也太乏味了，这个世界也太单调了。

"字少事大"，少即是多

公元4世纪，马其顿国王腓力二世率军队向拉哥尼亚的都城斯巴达发起了猛烈的进攻，并给被围困的斯巴达国王送去一封信，气势逼人地威胁说："如果我们攻占下你们的城市，必将把它夷为平地。"没多久，腓力二世收到了回信，上面只有一个词："如果"。

最后，拉哥尼亚人民击败了强大的对手，取得了战争的胜利。想一想，"如果"两字所体现的斗志和决心是如何的力透纸背，再多的文字就是狗尾续貂甚至画蛇添足了。而在西方文化中，拉哥尼亚（Laconia），已经成为言简意赅的代名词，凡是达到这种境界的思维就被称为"拉哥尼亚思维"。

"少"的力量，也在艺术领域展现出来。

先看西方艺术。荷兰画家皮特·科内利斯·蒙德里安，风格派运动幕后艺术家和非具象绘画的创始者之一，对后世的建筑、设计等影响很大。蒙德里安推崇以几何图形为绘画的基本元素，与杜斯堡等创立了风格派，提倡新造型主义。他还认为艺术应根本脱离自然的外在形式，以表现抽象精神为目的，追求人与神相统一的绝对境界，也就是现在我们熟知的"纯粹抽象"。这种抽象就是对现实世界的一种高度简化的萃取，对后来的包豪斯风格也有直接的影响。

再看中国画的审美意识，也有着同样的追求。例如，我们看八大山人的画，不管是鱼、鸡还是鸟等主题，都是用极少的线条、最少的笔墨去表现丰富的内容，去彰显内在的韵律。甚至，一些画家还把所要表现的主体隐去，通过其他元素来间接表达。据说历史上，宋徽宗曾亲自主持一次美术考试，以"竹锁桥边卖酒家"这句诗作为考题，许多考生直接画出桥边的酒家，但考生李唐却别出心裁，没有直接画酒家，而是在一簇青翠竹林的侧上方斜挑出一幅酒旗，巧妙表现出诗句中桥边酒家被竹林遮挡的"锁"字的意境。结果，李唐被宋徽宗评为这次美术考试的第一名。

这些事例让我们看到，要实现我们的目的，减法常常能够帮大忙。减少那些不必要的诠释、强调、描述、表现，点到为止，对最具有象征性和关键性的部分予以保留，留下大量空间供人们思考，往往能取得独特的效果。

麦当劳的成功不在于流程

20世纪50年代，一个叫作克拉克的小商人，做过各种小生意，比如折叠床、床单、纸杯等，后来他又销售奶昔。有一次他发现加利福尼亚州的一家汉堡店对奶昔制造机的需求很大，于是前往探访，了解到这家名叫麦当劳的餐厅对快餐加工的流程进行了改造，所以大大地提高了供应量。克拉克看到了这一举措的意义所在，因为当时美国处于二战之后，大量的年轻家庭产生，人口结构的变化带来了对快餐的巨大需求，但一般的餐厅环境差、服务态度差并且出餐速度慢。看到了这一现状，克拉克便收购了麦当劳，将其成功模式快速复制到全美国甚至全世界，取得了令人瞩目的成就。

德鲁克研究麦当劳这一案例，重点关注的不是创新了流程的麦当劳创始人，而是将其模式复制到全球的克拉克。麦当劳的成功体现了连锁经营模式的魅力，这种模式所体现的是一种乘法思维。这种看似简单的重复，即 $1 \times N$，其实就是一种解决问题十分有用的方法。当然，某种意义上，这也可以看成一种加法。不过，和上文提到的加法不同的是，我们通过乘法来强调从 1 到 N 个 1 的扩展，这 N 个 1 完全相同或者大体相同，相当于从一个模板复制出来的多个备份。

这些年，国内不少餐饮公司加强了中餐制作的标准化，提高了可复制性,从而通过"乘法",实现了连锁化经营,涌现出了大量成功的本土餐饮连锁品牌,例如早些年的"真功夫",以及近些年出现的"老碗会""大弗兰"等。

一些投资机构在考察项目时,非常关注该项目能不能通过"乘法"进行快速复制,因为这意味着项目是否具有快速成长性。某投资机构的朋友曾告诉笔者,牙科诊所和眼科诊所看起来很类似,但从投资的角度,他们更倾向于眼科诊所,因为在操作上,眼科诊所的标准化较好,而牙科诊所的操作则跟牙医的个人水平关联较大。所以一个好的牙科诊所往往是因为拥有好的牙医,其可复制性不如眼科好。

艺术领域常常通过乘法思维来形成某种视觉冲击,表达某一主题思想。

有一年在深圳举办的建筑双年展上,其中一件装置艺术作品是几百个建筑工人的安全帽的堆叠。一个安全帽司空见惯,但几百个安全帽,则形成了一种视觉上的冲击,让人体会到深圳日新月异的变化,正是由无数个默默无闻的工人的辛勤劳动所铸就的。

哪怕在我们的日常的生活中,"乘法"也能帮助我们记录属于普通人的一份幸福。某位父亲每年都在女儿生日那天到相同的背景前拍一张合影,几十年过去了,这些同一背景的照片组合在一起,产生了一种极具震撼力的效果,相同的背景、相同的人物,但因为孩子的成长,父亲的逐渐苍老,让人强烈地感受到岁月的流逝,也感受到浓浓的父爱。

笔者的一个朋友,每天早上都在自家天台上对着天空拍一张照片，坚持了一年，最后将所有这些照片组成一张大照片，可以看到有阴天、晴天和雨天，有通透的，也有阴晦的。这张大照片直观地体现了一年四季阴晴不定的岁月，让人对大自然、对时光都产生了良久的感慨。

普通的物件，普通的事情，普通的景象，本来平淡无奇，但通过多次复制的乘法思维，形成一个新的组合，让"平常"变成了"非常"。

很多产品的设计也会利用乘法思维。比如手机的摄像头，最初只有一个，后来变为两个、三个、四个……摄像头的不断增多是产品力的提升，是实现差异化竞争的有效手段。

美国太空探索技术公司（以下简称SpaceX）于2008年9月28日成功发射了猎鹰1号火箭，这是第一枚由私人航天公司研发并成功进入地球轨道的液态燃料火箭。

其后，SpaceX又发射了猎鹰9号火箭，它配备了9个发动机。从猎鹰1号的1个主发动机，一下子增加到9个发动机，这也体现了乘法思维。这样做有以下原因和优势：

第一，SpaceX是个私人公司，要考虑投入产出以及技术发展程度，直接应用大发动机无论是技术实力还是成本考虑都有很大风险，所以，用多个小发动机来"平替"一个大发动机的动力是一个理性的选择。

第二，9个发动机，1个在中间，8个在四周对称分布。当某1个甚至2个发动机出现故障时，其他发动机依然能够持续提供动力。这种形式还能够通过关闭与故障发动机对称的那个发动机，确保整体的平衡性。

第三，方便灵活控制动力。在不同的场景下，可启动不同数量的发动机，以实现不同的推力。这种方式比单独控制一个大发动机的动力在技术上更容易实现。

　　通过这个案例我们可以看到，运用乘法思维，不仅能够将 N 个 1 形成合力，达到单个 1 不能达到的效果，还有另外一个作用——通过 N 个 1 提供比单个 1 更强的稳定性、可靠性和灵活性。

　　在《像火箭科学家一样思考》一书中，作者提到了冗余的重要性，所谓冗余就是为增加系统的可靠性，而采取两套或两套以上相同但相对独立配置的设计。这其实也是一种"乘法"。通俗一点可理解为有很多个"备胎"。

　　"备胎"也有两种情况，一种是"并联备胎"，就是各个"备胎"都在发挥正常作用，即使其中某些"备胎"出现故障，其他"备胎"依然能保持系统的正常运行。很多重型货车同一根车轴的左右两边各有两个车轮，当其中一个轮胎发生爆胎等故障后，紧挨着的那个轮胎还能发挥支撑的作用。另外一种可称为"串联备胎"，这种"备胎"平时是不发挥作用的，只有当原来工作的部件发生故障时才启用。家用轿车的备胎放在尾箱，就是这种情况，只有在发生爆胎的情况下，才把备胎更换上去。

眉毛和胡子不能一把抓

有句俗语叫作"眉毛胡子一把抓",指的是无视事物组成部分的不同情况,盲目一刀切的解决思路。为什么我们不能轻易如此呢?因为眉毛是眉毛,胡子是胡子,不问青红皂白就"一把抓",常常不能达到想要的效果,这时,我们就需要用除法思维来对待了。

除法思维的本质,是把一个整体进行拆分,一分为几。分开之后,主要有两种主要的对待方式:一种是重新组合,产生新的整体,也就是"重组",化解旧的矛盾,或者实现新的效果;另外一种,是对各个组成部分进行研究,例如成本、来源、使用频率等,对各个组成部分采取不同的措施。

除法思维体现的是整体和局部的辩证关系。对整体进行拆分,有以下一些思考的维度。

基于组成部分拆分

一个整体分解为不同的部分以后,依然还是这些部分,但组合形式发生变化,有时会使原事物的整体性质发生改变。

在物质的组成上,同样的原子,组成不同的物质,就会具有不同的特性。

碳原子通过不同的排列方式,能组成木炭,也能成为钻石。

氧原子也是如此，能形成氧气，也能形成臭氧。

文字的不同组合可以形成不同的词语搭配，表达不同的含义。

我国近现代著名教育家、书法家于右任先生的书法很出名，很多人找他索字，常常影响他的工作。一位老友多次苦求，于先生勉为其难，又带有一定的情绪，就写了"不可随处小便"揶揄。没想到，该老友拿回家重新调整了字的顺序，改为"小处不可随便"，成功化解了于先生的揶揄。

接着分析基于组成部分拆分的另外一种情况：虽然整体的功能没有变化，但对整体的组成部分按照不同的特点进行区别对待，能更好地满足人的需要。

感冒药往往会产生让人精神不济和嗜睡的副作用，给患者白天的工作和生活带来困扰。经过分析，感冒药往往具有多种成分，引起精神不济和嗜睡的只是其中一部分，于是有些制药公司便将其成分分开，制作成白天和夜晚分开服用的药片，解决了患者担心白天吃药影响工作的痛点。

有些生活用品核心的使用部分只是整体的一小部分。如果每次更换都是整体式的，就意味着很多组成部分被白白浪费了。比如牙刷用了一段时间之后会更换，但我们分析发现牙刷毛和牙刷柄两个部分，需要更换的只是牙刷毛，因此有一种方式是将两者分开生产，更换的时候只换牙刷头即可。餐馆的筷子也是如此，用循环使用的筷子总有人担心消毒不达标，但用一次性筷子又不环保，于是有一种方案是筷子的前段用一次性材料，后段可以循环使用。这是对具有不同使用频率的组成部分进行的拆分。

有形物体的拆分容易理解一些。而抽象的事物，比如权益的拆分，同样也能让我们发现一些解决问题的办法。比如拍卖，我们见得最多的就是"价高者得"——谁出价高就归谁所有。

　　但有一种叫作维克里拍卖的方法却是不同的思路，该方法运用信息经济学原理设计了一个新的拍卖机制：让每个人把愿意出的价格写在纸上，装入信封中，待所有信封打开后，出价最高的人得到那件拍品，但实际付的价格是出价第二高者的出价。

　　维克里拍卖的原理涉及博弈论，其效果是让参与拍卖的竞价者能够尽量按照自己真实的意愿去出价。具体原理在这里不展开论述。我们主要通过这个方法看到，维克里拍卖本质上是对购买权和成交价进行了拆分。

　　我们再举一个日常生活中的例子来加深理解。

　　几兄弟分一锅粥，老大来掌勺，怎样保证公平呢？为了防止老大给自己分得太多或者太少，可以让他先分，而让其他兄弟先选择。在这样的机制下，他必须尽量均分。这是对分割权和选择权进行了拆分，可以解决一些常见的生活难题。

基于流程进行拆分

　　一家公司生产的水果酸奶总是接到投诉：酸奶里的水果口味不佳。后来经过分析，原来是水果在酸奶中与某些成分产生了化学反应，影响了水果的口感。怎样解决呢？一种方法是减少产品出厂后到达顾客手上的时间，但目前的物流和销售环节很难进一步改善。于是有人提出，将水果和酸奶分开包装，让用户自行添加、搅拌。后来公司采取了这种办法，不仅有效解决了水果口感的问题，还提高了客户的参与度，取得了较好的市场反馈。这就是对流程分析后，将水果、酸奶的混合环节与生产过程分离，转移到消费者购买后进行。

冬天户外温度很低时，我们到阳台去晾衣服，站久了肯定会觉得不适。怎样减少暴露在户外的时间呢？可以对晾衣服的流程进行研究：首先，从桶内将衣物提起，抖一抖展开，然后挂上衣架，再将衣架挂在晾衣竿上。习惯上，以上全部流程都在室外完成，衣服多了，站在室外的时间也就长了。其实，可以将流程中的前几个环节在室内完成，所有衣服先在室内挂上衣架，然后一次性拿出去，迅速将衣架挂在晾衣竿上，大大减少了我们暴露在寒风中的时间。这就是基于晾衣服的流程进行的拆分，区别对待以解决实际问题。

基于某种条件进行拆分

设定某些条件，满足条件的和不满足条件的区别对待，也是一种拆分的思路。

接下来我们通过对交通信号灯这一常见设施的作用分析来进行理解。从道路使用来说，我们每个人各自有不同的行进方向，所有人都希望自己畅行无阻，但如果大家都"自行其是"，在交叉路口就容易发生碰撞和堵塞，因此交通信号灯起到了协调的作用，绿灯行红灯停，从而让大家有序、快速通过。这个简单的现象，就蕴含着基于条件对人群进行的拆分：面前是红灯的行人禁止通行，面前是绿灯的行人则可以通行。红绿灯的交替，让大家有序、公平地通过路口，避免了交通堵塞和事故。

在深圳，还有很多交通规则的创新，也都是这种按条件进行拆分的应用。例如，滨海大道的最左侧被设计为多人共乘车道，高峰期时要求车上必须有2人以上才可以使用，从而鼓励市民提高车辆的利用率，这就是按照车内人数这个条件进行的拆分。

接着来看在企业经营管理中该如何运用这种思路。

稻盛和夫被称为日本"经营之圣""人生之师"，作为日本的企业家、哲学家，他在企业经营和人生理念方面均有独到而务实的见解。他用40年时间创建了两家世界500强企业，是日本"经营四圣"（另外三位分别是松下公司的创始人松下幸之助、索尼公司的创始人盛田昭夫、本田公司的创始人本田宗一郎）之一，曾出版过10多本介绍企业经营理念和人生哲学的图书。

稻盛和夫的"阿米巴经营"理念及管理方式，被誉为"京瓷经营成功的两大支柱之一"。"阿米巴经营"基于牢固的经营哲学和精细的部门独立核算管理，将企业划分为多个"小集体"，就像自由自在地重复进行细胞分裂的"阿米巴"一样。这一经营理念旨在以各个"阿米巴"为核心，让它们自行制订计划，独立核算，持续自主成长，从而让每一位员工成为主角，全员参与经营，打造激情四射的集体，依靠全体智慧和努力完成企业经营目标，实现企业的飞速发展。

日本已有超过300家的企业在京瓷关联公司的指导下引进了阿米巴经营模式，业绩得以大幅提升。

稻盛和夫将企业内部拆分为一个个阿米巴组织的方式，便是一种基于条件的拆分。稻盛和夫说，在企业内部阿米巴组织的组

建有三个条件:

- 阿米巴必须是能够独立核算的单位。
- 阿米巴必须是一个独立完成某一业务的单位。
- 划分组织必须有利于贯彻实现公司的方针和目标。

条件满足就设立阿米巴组织,不满足就不设立,正是这种拆分原则,确保了阿米巴组织设置的颗粒度和合理性。

基于矛盾对立面进行拆分

西弗森是美国加州一名95岁的老妇人,2010年12月的一天,她在家清理房间时发现了一本名叫《水上飞机独自飞》的书,再一看书页里的书签,她大吃一惊。原来,这本书是加州阿马尔县图书馆的藏书,是她去世多年的丈夫于1936年借的,已逾期74年!

西弗森明白,如果现在将这本书归还图书馆,她将支付高达2000多美元的罚金;如果选择不归还,也不会有人找到她。但她觉得自己应该为丈夫的错误承担责任,于是决定归还这本书并缴纳罚金。

第二天,她把那本书交到县图书馆,并向接待她的图书管理员劳拉说明情况,表示愿意接受图书馆的处罚。

3天后,西弗森接到了图书馆方面的通知,这本超期未还的书,应处以2701美元的罚金,请她到图书馆缴纳罚金,接受处罚。西弗森没有任何异议,带上钱款来到图书馆,在处罚决定书上签了字,把2701美元罚金交给了图书馆。当她交完钱要离开的时候,劳拉又向她宣读了一个决定:鉴于西弗森主动归还图书的真诚行为,图书馆方面决定奖励她2701美元,以示对她这种诚实守信精神的表彰。

一位记者在采访这位图书馆馆长时问他："为什么不直接免除她2701美元的罚款，而要先罚后奖呢？结果不是一样的吗？"

馆长回答："罚款是硬性规定，谁也没有权力随意改变这些规定，所以这笔罚款她必须交；但作为图书馆方面，有权对优秀读者进行奖励，罚款和奖励是两回事，不能混为一谈，她得到的2701美元奖金，与她先前所交的2701元不是同一回事。"

这个故事让我们看到，在遇到左右为难的情况时，我们需要将矛盾的对立双方分开对待，不要混为一谈，"上帝的归上帝，凯撒的归凯撒"。

笔者在读高中时，也遇到过类似的情况。当时学校开运动会，笔者从一个体育俱乐部为班级借来了几双跑鞋，为班级提升比赛成绩做了一点小贡献，班主任决定奖励笔者十元钱。笔者觉得自己不该接受奖励，但又不能生硬地退给班主任，怎么办呢？最后，笔者收下了这十元，但马上用这笔钱买了一个订书机，放到教室的书架上，贴了一个"公用"的标签。这样，既接受了奖励，也体现了笔者的态度。

笔者的儿子读小学时，曾化解了一场同学间的矛盾，他在日记中记录了事情经过：

下午到小区打乒乓球，突然看见旁边有同学发生了矛盾，两方对峙，手里都拿着砖头，怒气冲冲地看着对方。我看到其中一方是同班的A同学，另外一方是七班的B同学。

战火一触即发，于是我上前了解情况，原来是口角上的误会。我让他们将砖头放下，但都不放。看来，谁也不想低下自己高贵的头颅。

于是我走过去，低声给七班的 B 同学分析利害关系，"如果你动了手打伤了他，你就要付出医药费，还要被追责。如果你不动手，明天可以到学校去找老师，说不定 A 同学会被罚抄课文。"

看到对方的情绪有所松动，我又走到同班的 A 同学面前低声说："咱们一班的先做个表率，先放下。"于是 A 同学将手里的砖头放下。

接下来，我又走过去对 B 同学说："如果是 A 同学说了什么不妥的话，我代表他向你道歉，但请你将砖头放下。"

一场危机化解了！

在这场危机中，儿子懂得分别对矛盾双方做不同的劝说工作，最终缓解了紧张局势，避免了一场同学间可能发生的打斗。

做人别学马嘉鱼

索马里海峡深处生活着一种鱼，叫作马嘉鱼。马嘉鱼平时生活在深海中，春夏之交会溯流而上，随着海潮漂游到浅海去产卵，形成鱼汛，这正是渔民捕捉马嘉鱼的最佳时机。渔民捕捉马嘉鱼的方法很简单：用一个网眼粗疏的渔网，下端系上铁块，放入水中，再用两只小船拖着渔网拦截鱼群。马嘉鱼的"个性"很强，遇到阻拦时不会转弯，越受阻越往前冲，即使闯入渔网中也不会停止，所以一只只"前赴后继"陷入渔网中，网眼随之缩紧。网眼愈紧，马嘉鱼愈拼命往前冲，一条道走到黑，结果"英勇无畏"的马嘉鱼被渔网牢牢卡死，被渔民捕获。马嘉鱼的悲剧，很能发人深思。

社会中总有些人，前行的方向已经错了，可依然执迷不悟，不肯转弯，更不肯后退，而是一味地沿着老路奋力猛冲，直至陷入绝境无法自拔。

而运用逆向思维，反其道而行之，往往能为解决问题提供新的思路。如何运用逆向思维呢？

常规与非常规

司马光砸缸的故事世人皆知，但大多数人只是觉得司马光机灵，没有想过司马光的解决办法其实就是逆向思维：人落水了，常规的思路是想办法让人离开水，而司马光的做法是反常规的，他没有跳进水缸去救人，也没有把竹竿递给落水者，而是把缸砸了，让水流走，人也就得救了。司马光当时是急中生智，他当然不知道什么逆向思维，但他的做法能给我们启示，不管是把人从水里拉出来，还是让水流走，其最后的效果是一样的，即把人和水分开。

在某次"香港小姐"的决赛中，主持人提问："假如你必须在肖邦和希特勒两个人之间选择一个作为终身伴侣，你会选择哪一个呢？"

常规思维当然是选择正面人物肖邦，但这样的回答虽然正确，却毫无出彩之处。

一位参赛选手回答："我会选择希特勒！"这种反常规的回答让人大吃一惊，但如果仅仅如此，也不过是哗众取宠罢了，而这位参赛者接着说："如果嫁给了他，我相信我能够用正义努力感化他，那么第二次世界大战就不会发生了，也不会有那么多的人家破人亡了。"这样的回答顿时让大家感受到选手的胸怀和大爱，也充分展现了个人的智慧——反其道而行之，而且能自圆其说。

春秋战国时期，管仲曾经用箭射伤了公子小白，公子小白假装身亡才逃过一劫，等到公子小白快马加鞭赶到齐国都城夺得了王位后，马上对支持公子纠的鲁国军队进行反击，取得主动权后，迫使鲁国交出管仲。按照常规思维，管仲会因为报复心理而被处死。但齐桓公不但没有处死管仲，反而重用了他。这种反常规的操作，体现了齐桓公的治国智慧和爱才之心。当然，齐桓公反常规也不是纯粹为了标新立异，因为管仲确实是个难得的人才。

荣誉和成绩，能够让我们脸上有光；而对于失败和错误，我们往往羞于启齿。但在加拿大，有不少专家学者都会在左手无名指上戴一枚样式相同的钢制戒指，被称为"耻辱戒指"。这是怎么回事呢？

原来，凡佩戴这种戒指的人都是著名的加拿大工学院的毕业生。这所学院誉满全国，在国际上也有相当的威望，可是在该校历史上曾出现过一次使学校名誉受损的事件：一次，加拿大政府将一座大型桥梁的设计工作交给一名毕业于该校的工程师。由于设计失误，桥梁在交付使用后不久就坍塌了，政府和地方都蒙受了重大损失。为了牢记这次惨痛教训，加拿大工学院不惜斥巨资买下建造这座桥梁的所有钢材，加工成戒指，命名为"耻辱戒指"。从此，每届学生在领取毕业证书时，都要同时领取一枚这样的戒指。长期以来，加拿大工学院的毕业生们牢记"耻辱戒指"的教训，对工作一丝不苟、兢兢业业，取得了许多成就。

人类永远不可能绝对完美，也永远不可能彻底消除失误甚至错误。敢于承认错误，并用一种敢于公开面对的勇气去展示和铭记，这种反常规的做法，让我们看到的是反省错误和追求进步的勇气！这种坦诚相比那些对错误讳莫如深的态度，无疑更值得尊重。

缺点与优点

优点和缺点的界定，往往来自人类的本位价值判断。这种价值判断基于不同的发展阶段、不同的区域、不同的人群本身就有差别。所以优缺点不是一种绝对的定义。比如湖北、重庆、四川一带喜欢吃鱼腥草，但其他很多地方却对鱼腥草敬而远之，那么鱼腥草独特的味道究竟是它的缺点还是优点就不能一概而论了。

为了避免思维被局限，不妨用特点来代替本位价值判断下的优点和缺点，我们需要常常思考，某个特点，能否为我所用？且看下面一则故事。

M国总统澳马即将上任，离开他的老家时，他深情地表示，他非常喜欢自己这栋老房子，等任期满了之后，他还会带着家人回来居住。这个消息可让澳马的邻居比尔高兴坏了。

在比尔看来，能和澳马总统做邻居，这是多么荣幸的事情呀！他的房子也必然会因邻居澳马成为总统而估值翻倍。因此，他满怀希望地将自己的房产交给中介公司出售。为了推销自己的房子，比尔还特意建了一个网站，进行全方位的介绍：这幢豪宅拥有17个房间，近600平方米，非常实用舒适。更重要的是，澳马总统曾经多次来此做客，还在壁炉前拍过一个竞选广告。这将是一栋被载入史册的房子！

比尔相信，有了这些卖点，他的房子能卖出300万美元以上的高价。

不出所料，网站很快就有几十万人点击浏览，然而，让比尔大跌眼镜的是，关注房子的人虽多，但没有一个人愿意购买。到底是什么原因让买家们"望房却步"了呢？为了弄明白究竟是怎么回事，比尔仔细地查看了网站上的留言。原来，大家担心买了他的房子之后，就会生活在严密的监控之下。是呀，澳马和他的妻女虽然都暂时离开了，但这里依然有多名特工在保护澳马的其他家人，附近的公共场所也都被密集的摄像头所覆盖。

更要命的是，等澳马届满回来之后，各路记者会蜂拥而至。到那时，每天出入这里恐怕都将受到保安和特工像对待犯人那样的检查和盘问，日常生活必将受到严重干扰。这样的居住环境，跟在监狱又有什么区别呢？就连朋友们，估计也会因为怕麻烦而不敢上门了！就这样，过了1年多，房子依然没卖出去。

你看，表面上看起来，和总统比邻而居是房子的一个优点，但事实上却成了缺点！

比尔非常焦虑，他此前向家人承诺过，房子卖出后就全家一起去度假，但现在迟迟不能兑现诺言。正在这时，一个叫丹尼尔的年轻人找到了他。

丹尼尔告诉比尔想买房的原因，他和澳马一样，都有非洲血统。澳马是他的偶像，不过，他还从未和澳马握过手。如果他买下这里，就有机会见到总统了。

房子终于有买主了，比尔激动得差点掉泪。虽然丹尼尔非常愿意买比尔的房子，但问题是，他支付不起太多的钱。比尔好不容易遇到一个买主，当然不愿轻易放过，他做出了很大的让步，两人签下了如下协议：丹尼尔按照分期付款的方式，在5个月的时间内向比尔支付房款共计140万美元。比尔很高兴，虽然房子的最终售价远远低于当初他期望的300万美元，但20多年前，他买下此房时只花了几万美元，因此还是赚了的。何况，上了年纪的他早想落叶归根，搬回乡下的农庄了。

拿到首笔房款后，比尔就带着家人出去旅游了。出发那天，他得知丹尼尔将房子抵押给了银行，贷了一笔款。等半个多月回来，比尔发现丹尼尔竟将这栋豪宅改造成了幼儿园。原来，丹尼尔本来就是一家幼儿园的园长，因此，在这里办个幼儿园不是难事。当房子的用途从居住改为幼儿园之后，那些过于严密的监控就显得很有必要，借助总统的安保系统，这里成了全国最安全的幼儿园！不少富豪都愿意把孩子送到这里来。

为了给幼儿园做推广，丹尼尔后来还联系到了不少名人来给园里的孩子们上课。这些名人中有不少是明星，同时也是澳马的支持者，他们为能给澳马隔壁的幼儿园讲课而激动，再加上这里是记者们时刻关注的地方，来这里与孩子们交流，自然能增加曝光度，因此，名人们都很乐意接受丹尼尔的邀请。

幼儿园开张不久，澳马抽空回老家转了一圈，顺便看望了一下他的新邻居，这一下，丹尼尔幼儿园更加有名了。越来越多的名人主动表示愿意无偿来与孩子们交流。更有很多家长打来电话，想让自己的孩子来此接受教育，哪怕多付几倍的学费他们也乐意。很多广告商也开始争先恐后地联系丹尼尔——他们想在幼儿园的外墙上做广告，因为这里的曝光度太高，不做广告实在是可惜了。

为此，丹尼尔打算进行一次拍卖广告墙的活动。很快，比尔收到了丹尼尔提前付清的剩余房款，如愿以偿地成了百万富翁。不过，比尔明白，在这场交易中，真正的赢家并不是自己，而是澳马的新邻居——幼儿园园长丹尼尔。

通过改变房子的用途，大家眼中的缺点转变成了优点。丹尼尔真是逆向思维的高手！

"爱美之心人皆有之"，美似乎永远都是一种优点。而丑作为美的对立面，往往被嗤之以鼻。美和丑的优劣势，能转化吗？

美国某玩具公司董事长布希耐有一次在郊外散步，偶然看到几个儿童在饶有兴致地玩弄一只肮脏丑陋的昆虫。布希耐突发奇想：市面上销售的玩具一般都是形象优美的，如果生产一些丑陋的玩具，又将如何？

于是，他让公司开发了一套"丑陋玩具"，并迅速推向市场。结果一炮而红，"丑陋玩具"给他的公司带来了巨大的收益，并使同行们也受到了启发，各种"丑陋玩具"接踵而来。例如，"疯球"就是在一串小球上面印上许多丑陋不堪的面孔。又例如橡皮做的"粗鲁陋夫"，长着枯黄的头发、绿色的皮肤和一双鼓胀且带血丝的眼睛，眨眼时发出非常难听的声音。这些"丑陋玩具"的售价虽然超过正常玩具，却一直畅销不衰，在美国掀起了一场行销"丑陋玩具"的热潮。

正确与错误

什么叫正确？什么叫错误？其实都需要交代背景。没有什么是放之四海而皆准的法则。所以，要取得思维的突破，有时要敢于向所谓的法则、格言、真理挑战。

我们常常会对一些规则、习俗或者观点习以为常，比如我们日常交流中常常会引用一些成语。成语言简意赅，体现了某种价值判断，同时也固化了思维，这个时候，我们可以大胆地去质疑它。

"己所不欲，勿施于人"这句话，说出来仿佛很有分量。但我们仔细想一想，自己不需要或者不想做的，就真的不能施加给别人吗？其实我们可以根据实际情况自行判断。一件衣服，完好如初，只是不再适合自己了，扔了可惜，能够送给合适的人岂不是更好？

很多所谓的道理，正说反说都有理。比如"好马不吃回头草"之于"浪子回头金不换"，"兔子不吃窝边草"之于"近水楼台先得月"，"退一步海阔天空"之于"狭路相逢勇者胜"，"瘦死的骆驼比马大"之于"脱毛的凤凰不如鸡"，"宁为玉碎不为瓦全"之于"留得青山在，不怕没柴烧"，"自古英雄出少年"之于"姜还是老的辣"，等等。

所谓真理，都只是以一定的场景和特定的立场为前提。正确与错误，就好比硬币的两面，相辅相成。

看待问题的角度

"你不能改变这个世界，但你能改变对这个世界的看法"。

有些事情本身的确没有改变，但不妨让人的思考方向和主次"逆反一下"，也能达到不一样的结果。不能狭隘地认为这是"自欺欺人"，这是一种更全面、更主动认识事物的好办法。

有一个老掉牙的小故事，说的是一个老太太有两个女儿，大女儿卖雨伞，小女儿卖茶水。老太太总是闷闷不乐，雨天愁小女儿的茶水销路不好，晴天又担心大女儿生意不行。有人就劝告她，雨天大女儿销路好，晴天小女儿生意好，多好的事情啊。这就是看待问题角度的转换。

国外同样有一个类似的小故事。基督徒问牧师："我能在祈祷的时候抽烟吗？"牧师回答："不可以"。基督徒又问："我能在抽烟的时候祈祷吗？"牧师说："可以"。其实情况是一样的，但思考的主次有了区别，也就有了不同的判断。

在亲子关系中，身为父母，要经常提醒自己转换视角，全面分析和看待孩子成长中的各种情况。笔者的儿子从小到大有好多兴趣爱好。比如遥控车模、公路自行车、摄影等。上了高中以后，学习节奏非常快。周末回来，儿子依然喜欢和笔者讨论摄影知识，孩子妈有些焦虑，但笔者却比较放松。笔者认为，对于以课本和作业为主体的学习来说，摄影这个爱好占用的只是有限的时间，表面上是"不务正业"。但从另外一个角度来看，一个星期的绝大部分时间孩子都在学习，尤其在校时间很紧凑，所以周末花上一些时间玩玩摄影，既可以放松身心，也可以通过拍摄锻炼观察能力和想象能力，同时，还能通过摄影了解相关的光学知识。综合考虑，这对他的成长是非常有好处的。同样一件事情，转换角度去思考，就会避免片面的视角带来的无谓焦虑。

流程和方向

20世纪60年代中期，索尼公司为了研发高灵敏度的电子管，一直在试图提高金属锗的纯度，当时已经达到了99.99999999%，再提高比登天还难。这时一个刚毕业的学生抱怨道："我学疏才浅难以胜任提纯的工作，让我往锗里掺东西可能更适合我一些。"负责人一听，灵机一动，干脆反其道而行之，不是提纯，而是往锗里添加其他物质。最后人们通过实验发现，当锗的纯度降到50%的时候，史无前例地发现了电结晶现象，从而创造出新的电子元件，使电子计算机的体积缩小到原来的十分之一，运算速度提高了十多倍。

20世纪70年代的一次欧洲篮球锦标赛上，为了确保出线，保加利亚队最后的一场小组赛必须净胜对手五分，然而，在比赛即将结束时，对方投中一球并由他们发球，此时，保加利亚队只领先两分，时间显然不够用（当时还没有三分球）。在这个关键时刻，保加利亚队的教练请求了一次暂停。暂停结束后，他们重新发球，一名队员故意将球投入了自家篮筐。这样做的目的是让比分变平，常规时间分不出胜负，从而将比赛拖进加时赛。在加时赛中，保加利亚队抓住机会，全力以赴，最终以八分优势结束了比赛。我们可以看出，这位教练采取的策略非常聪明。

在生活当中，当正向努力不能解决问题时，可以想想能不能反过来试试。

在一次喝椰子汁的经历中，笔者发现了逆向思维的妙用。当时，椰子只有一个小孔，正好可以插入吸管。然而，由于椰子内部没有空气进入，使得用吸管很难将椰子汁吸出来。笔者决定改变策略，往椰子里吹气。这样一来，椰子内部气压增加，椰子汁便顺利地流了出来。

空间与结构

关于空间和结构，我们可以基于内外、上下、左右等因素进行相互调整，从而产生新的位置关系。这样的调整不仅可以带来不同的效果，还可以赋予空间不同的功能。

一位年迈的奶奶面临着一个挑战——她一边需要织毛衣，一边需要照看正在学习爬行的小孙子。小孙子非常调皮，总是喜欢拉扯奶奶手中的毛线。为了解决这个问题，奶奶把小孙子放进了一个围栏中。然而，这个限制让小孙子非常不开心，因为围栏剥夺了他的自由，他更想在地板上自由爬行。聪明的奶奶想到了一个巧妙的方法。她决定自己进入围栏，让小孙子在围栏外面尽情爬行。

在产品设计中也有这种思维的体现，我们常见的火车、地铁和轻轨的车厢都是放置在轨道上方。然而，近年来出现了一种名为"空轨"的交通系统，其车厢被设计在轨道的下方，这一改变带来了许多优点，例如便于维护、空间利用改善和低成本等。

两种事物之间

假设 A 事物可以转变为 B 事物，这常常意味着 B 事物也同样可能转变为 A 事物。在相互的转换中，我们能够实现不同的目的。

抽水蓄能电站，先利用电能将水抽到高处，转换为水的势能。在需要的时候，再利用水的势能进行水力发电，产生电能。通过电能和势能的转换，来实现电网的储能和调节。

意大利科学家发明了伏特电池，第一次把化学能变成了电能。而英国化学家戴维则通过电解法发现了钾、钠、钙、锶、镁、硼等元素，成功地将电能转换为了化学能，成为电化学和电解工业的奠基人。

在对人类自身心理和生理的研究上，也有逆向转换的实践和思考。

传统的情绪心理学认为，我们因为悲伤而流泪，因为开心而微笑。但后来，美国心理学家威廉·詹姆斯创造性地提出了一个观点，即情绪是我们"对外界刺激所产生的身体变化的感觉"，换句话说就是我们因为哭泣所以感到悲伤，因为微笑所以感到开心。根据目前的主流共识，这两种观点都具有合理性，并且可以互为补充。

　　因为了解到人的身心之间这种双向的联系，我们可以更容易理解那些在大街上喊口号的保安或者洗发店员工，以及在公园里故意发出笑声的大妈们，当他们的身体做出动作、喉咙发出声音以后，神经系统会得到一个直接的反馈，从而促进相关神经递质的产生，最终会影响到他们的情绪和心理感受，而这个过程常常不受大脑负责理智的部分所控制。

　　了解了人的心理和行为之间的相互关系以后，我们能够更加全面地进行自我情绪管理：我们不但可以通过改变自己的认知去调整行为，还可以通过一些行为来促进自我感受和认知的形成。

巨无霸和小不点

在泰戈尔的诗句中，露珠对湖水说道："你是在荷叶下面的大露珠，我是在荷叶上面的较小的露珠。"这句诗多么具有想象力！当我们摆脱了对"露珠"的常态化印象，将其扩大无数倍，它便可以成为一潭湖水，甚至一片海洋。

许多人的童年回忆里都有小黄鸭的身影，那只小小的黄色橡皮鸭子，可爱的、萌萌的。孩子们喜欢在浴盆里玩耍它。即使没有这样的童年记忆，小黄鸭本身的形象也是人见人爱的。然而，我们所常见的小黄鸭都是袖珍的小玩具，所以当我们看见几十米高的大黄鸭时，视觉上的冲击是显而易见的。

荷兰艺术家弗洛伦泰因·霍夫曼以经典的浴盆黄鸭橡胶公仔为原型，创作了巨型橡皮鸭艺术品系列，其中一只是世界上体积最大的橡皮鸭，尺寸为26米×20米×32米。自2007年第一只大黄鸭诞生以来，霍夫曼带着他的作品从荷兰的阿姆斯特丹出发，造访了多个国家和地区的数十座城市。到了2023年年底，大黄鸭来到深圳人才公园，成为一道亮丽的风景线。

在深圳市南山区的万象天地，霍夫曼也创作了一个巨大的长鼻子大象装置，名为抱抱象，它和大黄鸭一样，在所到之处都引起了巨大的关注，并为当地的旅游和零售业带来了极大的商业效益。

类似于大黄鸭和抱抱象，2024年1月，在开市客深圳会员店开业时出现了另一个"明星"——巨型草莓熊，其高度接近2米，甫一亮相便吸引了众多人的关注，为超市的开业带来了巨大的客流量。

这种将小物体扩大数倍体积的创意不仅仅应用在公共艺术品上，还在具有实际功能的产品中产生了许多重要的发明。在生活中，许多产品最初的发明都是受到其他事物的启发，借鉴其原理，再将其尺寸扩大，从而产生了新的用途。

据说，多年前一个名叫麦考密克的美国人看到理发师的推剪器，便在脑海中将头发联想成一根根稻谷，按照推剪器的原理发明了割稻机。

这种将事物扩大的思路不仅限于尺寸大小这些常见参数，还可以应用于与数字相关的其他参数，比如重量、厚度、直径、角度，等等。

普通相机的视角是有限的，焦距越长，视角就越窄，因此在拍摄照片时，我们必须选择一个方向进行构图。然而，在某些场景下，我们可能来不及对准方向和构图，也无法同时对准多个方向进行拍摄。这时候，全景相机就派上了用场。全景相机利用背靠背放置的两个鱼眼镜头，并通过算法处理，能够同时拍摄相机周围几乎所有方向的立体空间。随后，我们可以根据需要选择某个方向输出普通的视频。全景相机本质上就是将普通相机的视角扩大到了极致，实现了新的用途，解决了一些特殊情况下的矛盾问题，并成为了一个新的产品品类。

有形的物体可以扩大，无形的思想、感受等也同样可以被放大。在许多需要说服对方采取某种态度或行动的场景，比如广告中，经常就会出现一些"虚张声势""言过其实""大惊小怪"的画面。举例来说，某些除螨产品会放大展示床上、沙发上的螨虫，引起人们的不适、反感甚至恐惧，从而激发购买除螨产品的动力。某些汽车广告也会拍摄展示成功人士意气风发的场景，刺激人们彰显成功的心理，并将其与品牌建立联系，增加购买的可能性。

在设定目标时，我们有时也会故意将其难度和高度放大。彼得·蒂尔的《从0到1》提出了一种被称为"10倍好"的思维方式。他说，如果一个新创企业要实现快速增长，它提供的解决方案必须比现有方案好10倍以上，这个"10倍好"可以体现在效能提高10倍、易用性优越10倍或成本减为1/10等方面。

曾经有一句话说过，如果你射箭的时候瞄准的是摩天大楼的楼顶，可能你只能射到一棵树上，但如果你瞄准月亮，那么至少能射到一座山上。将目标放大，甚至达到表面上看起来不可思议的程度，并不能一概被定义为夜郎自大和好高骛远。在某些情况下，这样做也有积极的作用，因为为了实现这种10倍的进步，必须付出勇气和创造力。换句话说，夸张的目标迫使人们思考不同的方法，实现质的飞跃。

谷歌X实验室主管阿斯特罗·泰勒说："如果要实现真正的巨大创新，一般来说，你就必须重新开始，尝试另一种或多种方式。你必须打破一些基本的假设。当然，你不能预知未来，只能去摸索，去尝试。显然，这时候就需要打破常规，违背常理。"

那么，"打破一些基本的假设"是什么意思呢？它意味着要超越限制，目的是打破一般规律、一般情况以及对思维的各种限制条件。史蒂夫·乔布斯在20世纪90年代重返苹果后，为了消除团队思考时的无形限制，提出了一个问题："如果钱不是问题，你会做什么？"换句话说，如果有无穷的金钱可用，你会如何行动。乔布斯的本意当然不是真的不考虑金钱，而是让团队摆脱"金钱"这种无形的思维限制。只有解除了这种限制，自由地进行想象和构思，才有可能找到更多创新的突破口。当找到突破口之后，再反过来思考如何实现。

当然，除了金钱这个因素，我们还可以对许多看似不可打破的条件进行无限放大。例如，如果时间无限多，我们会怎么做？如果尺寸无限大，会有什么情况发生？通过这些方式，我们可以避免思维的禁锢，从中找到有创意的解决方案。

和"扩"相反的是"缩"，同样也是一种颇有成效的解决问题的思路。

1985年，时任深圳华侨城建设指挥部主任的马志民到欧洲考察，在荷兰玛林洛丹看到"小人国"，受到了启发：如果将中国各地名胜古迹浓缩成一园，让游客在一个公园内就能领略中华民族的博大精深，一定会有很大的吸引力。1987年，锦绣中华微缩景观完工，轰动海内外，之后，华侨城又开发了中国民俗文化村和世界之窗两大主题公园。世界之窗将全世界很多著名景点等比例缩小，并以微缩模型的形式展示在主题公园内。到了世界之窗，就像走遍了全世界，参观了"埃菲尔铁塔"，也拜访了"胡夫金字塔"……所以在20世纪90年代，到了深圳必到锦绣中华、世界之窗等景区走一走。

上文我们介绍了麦考密克将推剪器"扩大",发明割稻机的案例。相映成趣的是,历史上,吉列刀片的创始人却是因为看到农夫用耙子清理田地而受到启发,利用其原理,在尺寸上缩小数倍,发明了刀柄与刀片垂直、使用起来更加方便的新吉列刀片。

不仅如此,还有无数的技术和产品,都是通过体积的缩小实现了飞跃式发展。

集成电路是在一块极小的单晶硅片上,利用半导体工艺安装许多晶体二极管、三极管以及电阻、电容等元件,并连接在一起形成特定电子技术功能的电子电路。1958年,美国德州仪器公司展示了全球第一块集成电路板,标志着世界进入集成电路的时代。集成电路具有体积小、重量轻、寿命长和可靠性高等优点,同时成本也相对低廉,便于进行大规模生产。

在见证了集成电路几年的发展后,英特尔创始人之一的戈登·摩尔提出:集成电路上可以容纳的晶体管数目大约每经过18个月到24个月便会增加一倍。处理器的性能大约每两年翻一番,同时价格下降一半。这就是所谓的摩尔定律。虽然摩尔定律并非自然科学定律,但它揭示了信息技术进步的速度。同时也说明了"缩"这种思路在集成电路的发展中是一个关键性的发展方向。

大家知道,在美国,长期以来都讲究车型的宽大。当年甲壳虫汽车登陆美国市场时,反其道而行之,提出了那句著名的广告语:"Think Small"(想想小的好处)。广告画面是一辆小小的甲壳虫汽车,占据了整个广告画面的一小角,而留下了大量的留白。这种视觉冲击让人不得不思考,小也有小的好!

在资源日益紧张、人们对便携需求不断增加的情况下,产品设计小型化也体现了"缩"所具有的现实意义。越来越多的产品开始考虑到轻巧便携、适合家庭使用等需求，在外形尺寸上采取"缩"的策略。

通常来说，将产品缩小体积往往能够带来三个好处：首先，产品在外观上更加讨人喜爱，实现了美学上的提升；其次，节约了资源消耗，在制造和使用过程中通常能够实现资源的有效利用；最后，小型化使产品更易于携带，符合当前社会的需求。

因此，许多产品在竞争到一定程度后都会推出缩小版。通过满足不同的需求，实现差异化竞争。

例如，几年前风靡市场的筋膜枪，其最初版本与普通吹风机体积相近，但更重。由于技术含量并不高，市场上同质化竞争激烈。不久之后，某公司推出新版本的筋膜枪，体积大大缩小，只有成年人的巴掌大小，非常精致，实现了差异化竞争。

戴森吸尘器也是一个例子，从 V8 到 V12，戴森吸尘器一直在改善性能，后来推出了体积更小的 Micro 版，整机只有 1.5 千克，可单手轻松操控。这样的小型产品能够更好地赢得单身人士特别是女性的喜爱，更好地满足市场需求。

与"扩"类似，"缩"的思路也可以应用到时间等与数值相关的因素上。

举个简单的例子，一个人需要去另外一个地方办事情，如果要求费用趋近于零，那就不能打车，甚至不能坐公交车，但可以骑自行车，这样就可以不花费费用了。如果还要求在路上的时间为零，那就需要考虑是否可以通过网上办理或委托他人代办等方式来节省时间。

"抄作业"是门技术活

并不是所有的新想法都是独自冥思苦想的结果。"他山之石，可以攻玉"，借鉴其他事物，尤其是其他领域的事物，可以获得思维上新的突破。很多问题的答案其实都是受到看似毫不相关事物的启发而迸发出灵感的。

1817年，世界上第一辆自行车诞生，当时的自行车外形粗劣，车架和车轮都是木头做的，骑起来颠簸得厉害。人们讥讽这种自行车是"震骨器"。直到1887年，橡胶轮胎的使用才改善了骑行的舒适度，而轮胎的发明，就是来自一次偶然的"借鉴"。

苏格兰有个叫邓禄普的医生，他喜欢养花种草。一天，他用橡胶水管在花园里浇花。当水经过橡胶管的时候，邓禄普的手感受到水在橡胶管里胀鼓鼓地流动。他下意识地握紧，松开，又握紧，再松开。橡胶管的弹性让他联想到：把灌满水的橡胶管装到自行车的轮子上，这样便使自行车轮有了弹性，不就可以缓解自行车骑行时的颠簸了吗？

于是邓禄普说干就干，把儿子的自行车推到花园，拆下轮子，量好尺寸，将一段灌满水的橡胶管安装上去。邓禄普的儿子觉得很新鲜，马上就骑上自行车在花园里转了几圈，兴奋地喊起来："棒极了！不颠簸了，骑着真轻松。"就这样，邓禄普用橡胶水管制成了世界上第一个轮胎。后来又用空气代替了水，邓禄普轮胎逐渐成了风靡全球的畅销产品。

生活中常用的美工刀也是借鉴的成果。美工刀的发明者是日本的港田芳雄，他的灵感来自两个其他领域。首先是看见清洁工用玻璃刮除油漆，玻璃变钝之后就把玻璃敲碎，用新的锐利边缘再刮。但刀片是金属，如何方便敲碎形成新的刀口呢？他又在巧克力条上得到启发，较长的巧克力每隔一段就做出变薄的凹痕，方便折断，利用这一原理，终于研制出世界上第一支折刃式美工刀。

借鉴不光可用于创造新的产品，也可用于生产和管理模式的创新。

企业界的读者应该对丰田生产方式，即精益生产，非常熟悉。说起来，大名鼎鼎的丰田生产方式，其中的重要思想也借鉴了美国的超市管理系统。

丰田生产方式中提到了一个理念，即"Just In Time"（准时生产）。靠的又是什么呢？叫作拉动式生产。过去的推动式生产，每一道工序都根据生产计划，尽其所能地生产，尽快完成生产任务，不管下一道工序当时是否需要。而在拉动式生产中，是后一道工序根据需要加工多少产品，要求前一道工序制造正好需要的零件。而这个思想，正是从美国超市按顾客需求补货的管理方式中受到的启发和借鉴。

我们发现，人们的新想法经常受到跨领域的相似情况的启发，而且人们借鉴的对象不仅仅有人类自己制造出来的物品，还有更多的借鉴对象是大自然的产物。

莱特兄弟为了发明飞机，就一直在琢磨鸟类、模仿鸟类，他们常常仰面躺在地上，一连几个小时观察鹰在空中的飞行，研究和思考它们起飞、升降和盘旋的机理，并一张又一张地画下来，之后才着手设计滑翔机，最终实现了人类的飞行梦。

看起来很普通的运动鞋，其发展历程也要感谢那些大自然当中的"教员"。

二战结束后不久，32岁的日本退伍军官鬼冢喜八郎希望年轻人能因为他的鞋子而爱上运动。当时，篮球鞋被认为是最难制造的运动鞋，鬼冢喜八郎便决定以此为切入点。1950年，在位于日本神户的家庭工厂中，鬼冢喜八郎制造出第一双篮球鞋。然而这款鞋子没有鞋底技术，脚感很差，反响并不好。

有一天，鬼冢喜八郎吃饭时看到餐桌上的章鱼，受到启发，将章鱼吸盘式结构引入球鞋鞋底的设计中，大大提升了抓地力，产品开始受到追捧。

除了大量的生活用品之外，一些军事武器的研发同样离不开大自然中的各位"老师"的不吝赐教。

响尾蛇是一种利用热感应系统来捕捉猎物的蛇类。它们并不依靠眼睛来观察猎物，而是通过头部的热感应器来探测周围的猎物。响尾蛇的热感应器位于眼部前方，有两个小孔，通过这些小孔，它们可以感受到猎物散发的热量。这种特殊的感应系统使得响尾蛇能够更加精确地攻击猎物。借鉴这个原理，响尾蛇导弹模拟了响尾蛇的热感应系统，并加强了这个功能，可以用来追踪和攻击从飞机尾部喷射的热源，实现对敌方飞机的打击。

不仅如此，在群体运作方面，一些动物的生活方式也为人类带来了启发。凯文·凯利在《失控》一书中提到了蜂群："没有一只蜜蜂在控制它，但是有一只看不见的手，一只从大量愚钝的成员中涌现出来的手，控制着整个群体。它的神奇之处在于，量变引起质变。"这就是所谓的"蜂群思维"。这种现象启发了人类在计算机网络、社会管理、企业管理等领域的借鉴和利用。

在人类的创新发展史上，类似的借鉴现象有很多，但在大多数情况下，这种借鉴往往是相对随机的碰撞和启发。直到20世纪40年代，苏联发明家阿奇舒勒提出了TRIZ理论，即"发明问题解决理论"。

阿奇舒勒本身也是一位发明家，后来加入海军从事专利审核工作。通过接触大量专利，他发现许多专利在本质上都体现了相同的原理。因此，他带领团队按照这一思路进行研究、整理和归纳，抽取了大量发明中运用的规律，建立了一套实用的、能够提高解决矛盾问题的理论和方法体系，这就是TRIZ理论的起源。

TRIZ理论的一个核心思想就是借鉴。当我们在A领域遇到问题时，可以借鉴已经在B领域成功解决类似问题的方法。当然，对于如何借鉴，经过阿奇舒勒先生的基础理论研究以及后续研究者的不断丰富，形成了许多实用工具。这些工具不仅可以应用于发明领域，还可以拓展到管理学、金融学等其他领域。

TRIZ理论当然不是像查字典读音和注释一样直接给你答案，但它能提供方向，顺着这个方向，可以启发我们更高效地借鉴。限于篇幅，本书无法对TRIZ理论展开详细介绍，有兴趣的读者，尤其是从事生产制造相关工作的人员，可以全面了解和学习一下。

或许大家会说，我没有学过TRIZ理论，那么我的思路该如何打开呢？

当然，对于大多数人而言，要系统了解一套理论的确让人望而却步。那么，笔者就来介绍一种更加简单的"随机启发法"。

这种方法要求我们首先寻找一个随机的名词，可以去字典里翻，也可以随便想一个，当然，这个名词应该是具体的，比如"风车""鼠标""被子"等我们熟悉且可以描述的，而不应该是"思维""爱""气氛"等难以界定的名词。

这些选定的名词我们称为引导词。接下来，我们就去思考这个引导词的属性和特点，看看能否给我们的问题带来启发。例如，一个销售团队想要提升公司的饮品销量，他们选择了一个随机的引导词——键盘。键盘有哪些特点呢？

它有很多按键，通过不同的按键组合，可以输入无数的单词。这似乎启发了我们，我们的"产品组合"是否有什么可改进之处？

它的按键能够给人即时回馈。这让我们联想到，消费者和我们之间是否建立了即时的反馈机制？

键盘是电脑的一部分，键盘的工作和电脑其他部分是一体的。这让我们想到，销售团队是否和产品研发、市场推广等多个部门建立了很好的协作关系，公司的运作是否像电脑一样成为一个高效的整体？

…………

这样的联想和启发是无穷的，每个人的答案也不一样。也许我们在刚开始使用这个方法的时候会觉得有些不自然，甚至觉得有些牵强附会、花拳绣腿，但只要放下成见，不断实践，就会发现这是一个让思维发散的有效方式。

　　有人提出了一个观点："借鉴"需要将学习对象的思想转化为自己的理解和应用，而这一过程可能会很费力，不如直接"抄作业"。这引发了对于"抄袭""拷贝"等近义词的思考。那么，这种方法是否可行呢？

　　我们可以从不同方面来考虑。在学习过程中，借鉴他人的思想和观点是一种常见的学习方法，可以帮助我们拓宽思路和获得新的灵感。然而，直接抄袭或拷贝他人的作品是不被道德和法律所接受的行为。与其盲目地抄袭，不如在借鉴的基础上，将其转化为自己的思想，并结合自身的创意和观点，以展现个人的独特性和创造力。

　　有一部科幻小说，描述了一个与地球相似却充满危险的星球，在这个星球上，昆虫和鸟类以超音速飞行。地球的宇航员前往该星球时险些丧命。那么我们的宇航员该如何制定安全措施呢？

　　这是一个复杂而值得深思的问题。然而，简单的答案是，我们的宇航员可以通过了解该星球上其他生物和居民是如何避免危险的，从而找到一些有用的安全措施。

　　这种解决问题的方法并不等同于直接"抄作业"。在现实中，我们也可以看到一些类似的案例。例如，1994年夏天，贝佐斯辞去在金融服务公司D.E.Shaw的职务后决定创立一家在线书店。贝佐斯认为书籍是一种常见的商品，具有高度标准化的特征，并且美国的书籍市场规模很大，非常适合创业。经过大约一年的准备，亚马逊网站于1995年7月正式上线。为了与实体书店巨头竞争，贝佐斯将亚马逊定位为"地球上最大的书店"。为实现这一目标，亚马逊采取了大规模扩张的策略，不惜以巨额亏损换取市场份额。经过快速发展，亚马逊仅用不到两年时间便发展为一家上市公司。

1997年5月，亚马逊在图书网络零售领域取得了巨大的成功，并开始扩大商品品类。1998年6月，亚马逊正式推出了音乐商店。仅仅一个季度，亚马逊音乐商店的销售额就超过了CDnow，成为当时最大的网上音乐产品零售商。随后，亚马逊进一步进行品类扩张和国际扩展，到了2000年，其宣传口号已经改为"最大的网络零售商"。

1996年，李国庆和俞渝在纽约结婚，两人从恋爱开始就常常一起探讨亚马逊的商业模式。后来，他们共同寻找风险投资，成立了当当网。尽管起步较晚，但通过对亚马逊模式的借鉴和不断本土化，当当网在中国市场取得了成功。

同年，三名以色列年轻人开发了一款名为ICQ的软件，它能够在互联网上快速直接地进行交流。ICQ迅速风靡互联网，在不到一年的时间里成为全球用户量最多的即时通信软件。后来，ICQ被美国在线公司（AOL）收购。

很快，在中国也出现了很多ICQ的"弟子"，比如中国台湾地区推出的ICQ的汉化版PICQ，南京两位青年工程师推出的"网际精灵"，以及马化腾的QICQ，也就是QQ的前身。

彼时，中国互联网新兴力量刚刚崛起，流行的故事是"Copy to China"，因为当时的很多初创互联网公司多多少少受到国外公司的影响和启发。然而，随着中国在许多领域的发展走到世界前列，现在也开始出现了"Copy from China"的现象。例如，马斯克在收购推特后宣称将以微信为榜样，打造一个超级App，首先要开通视频和音频通话功能，然后还要学习微信实现支付功能等。

时间来到1985年，比尔·盖茨刚刚发布了Window 1.0系统，乔布斯便公开质疑他抄袭了苹果的系统。据说比尔·盖茨的回答是："我们都有一个好邻居叫施乐，当我闯进他们家打算偷电视的时候，发现你已经把它偷走了。"这段故事传递了一个信息，即在商业竞争中，公司之间常常会相互借鉴和启发，彼此影响着发展和创新的方向。

在产品研发方面，模仿和借鉴他人的经验是常见的现象。正如沃尔玛创始人山姆·沃尔顿所说："我做的事多半都是模仿别人。"解决问题时，如果别人已经有了现成的答案，模仿或借鉴也是人之常情。然而，这个问题也存在争议。对此，笔者经过长时间的思考，得出以下两个观点来看待其正当性。

第一，是否有差异化和提升

如果模仿的是跨领域的对象，由于环境和元素的差异，往往会产生新的结合方式，这通常也意味着再次创新。需要特别注意的是，如果在同一领域进行模仿，很难体现出新的组合，创新程度会大打折扣。同领域的模仿需要通过新的提升，哪怕是局部的改进，来展示创新能力。

正如法国作家夏多布里昂所说："所谓独创的作家，不是不模仿别人，而是无法被人模仿。"也许他的意思是，每个优秀的学习者都应该有自己独立的思考，在学习"师傅"的基础上超越他们，最终实现自己的独特价值。

在中国的吹风机市场，戴森成为了行业标杆，许多品牌推出的吹风机都在向戴森致敬，可以称它们为戴森的学生。关于这一点，笔者专门研究了小米、京东京造、德尔玛、徕芬等几个品牌的吹风机。结果发现，它们在模仿的同时也根据自己的理解进行了一些差异化的设计，以期通过超越戴森而获得成功。例如，京东京造的吹风机在滤网部分采用了磁吸的方式，与戴森的旋转卡扣不同，更加方便实用。而德尔玛通过大胆地缩小吹风机头的外形，使整个吹风机呈现出更简洁的"1"字形状，几乎看不出与"老师"戴森有什么关系。

综上所述，模仿和借鉴他人的经验是一种常见的行为，但在模仿过程中，赋予差异化和提升非常重要。通过独立思考和超越，我们可以实现自身的创新和独特价值。

第二，是否侵犯他人知识产权

知识产权一般是指人类智力劳动产生的智力劳动成果所有权。根据各国法律规定，符合条件的著作者、发明者或成果拥有者在一定期限内享有对其成果的独占权利。一般来说，知识产权包括版权（著作权）和工业产权等。如今，对知识产权的保护力度越来越大。毕竟，创新来之不易，如果缺乏保护，大家都只会等着"抄作业"，定然不是好事。

2021年初，某地美协主席王某某因涉嫌抄袭受到质疑后，首次发声承认了这一行为。广大网友一看，该美协主席的作品与被抄袭者著名画家马寒松的作品一比较，简直近乎于"复印"了。从美术的基本功来看，这位抄袭者并不差劲，但他却不愿自己构思题材，反而成为了一个侵犯他人知识产权的抄袭者。

不可霸王硬上弓

要解决某个问题，如果只是单纯地就事论事，采取强硬的手段，可能无法实现既定的目标，甚至会加剧原有的矛盾。无论是在企业战略上还是生活琐事中，当直接处理问题存在顾虑或无法实现时，我们应该思考是否能用一种转化的方法来实现我们的目的。

举个例子，商人哈桑借给某人2000金币，并留存了借据。快到还款期限时，哈桑突然发现借据丢失了。他非常担心，担心对方如果知道没有借据，很可能会拒绝偿还债务。

哈桑的朋友纳斯列金在了解情况后对哈桑说："你写封信给对方，要求他尽快偿还你2500金币。"

哈桑很困惑，他说："我丢了借据，要这2000金币都成问题了，怎么能要求他还2500金币呢？"

尽管哈桑将信将疑，但他还是按照纳斯列金的建议去做了。他寄出这封信后很快收到了回信。

在回信中，借钱的人写道："我向你借的钱是2000金币，不是2500金币，我会尽快还你。"

哈桑恍然大悟，有了这封信作为证据，对方就无法推卸责任了。这种思路的巧妙之处在于，当我们无法直接让某人做某件事时，我们可以设法让他去做另外一件事，而这件事的结果等同于我们所希望的结果。

甚至在家中，笔者也使用过这种方法来处理过养猫的问题。有一段时间，笔者的爱猫黑格耳有些便秘，希望它能够多喝水。直接的方法是使用注射器，直接将水注入它的口中，这就是之前提到的"强硬手段"。虽然看似可行，但实际上还有更好的方法。笔者在水盆里放入黑格耳最喜欢吃的冻干鸡肉，当它舔食这些鸡肉时，顺便也会喝到不少水。

无论是对普通人还是对小孩子来说，大家对游戏和娱乐都会感兴趣。如果将一个乏味甚至令人抗拒的任务或事情转化为有趣的游戏，往往会让对方更主动地参与其中。

上文我们提到了通用电气的高级工程师道格·迪兹在医院看到小女孩要做核磁共振检查时感到非常害怕。道格·迪兹对于自己设计出来的机器在实际使用中存在这样的问题感到很震惊。于是他邀请了博物馆的管理员、幼儿园老师、医院的检查员等人，形成了一个跨界的团队，重新设计整个检查流程和方式。

他们将CT检查设计成了一次海盗船冒险，当孩子进入CT机时，医生宣布："好了，你现在要进入这艘海盗船，别乱动，不然海盗会发现你的！"经过测试，超过八成的儿童患者会主动进入CT机，参加这次海盗船冒险。甚至有刚做完检查的小女孩问："妈妈，我们明天还能来吗？"此后，只有10%的孩子在接受检查时需要注射镇静剂，医院也很高兴，因为工作效率大大提高了。

从道格·迪兹的角度来看，他希望小孩子们能够安心顺利地完成核磁共振检查，而小孩子们喜欢参与的活动是游戏。道格·迪兹与团队联合起来，成功地将检查项目进行了游戏化包装。通过找到这三者之间的交集，问题得到了解决！这个思路不仅适用于小孩子，对成年人也同样有效。

比如在男厕所的小便池问题上，常常有清洁工抱怨男士们站得不够近，导致地面污秽不堪，令人难以直视。如何劝导呢？贴上一个简单的告示牌并不见得有效，因为语气过于说教，司空见惯。那么，有没有更好的方法呢？笔者曾经看见有些小便池的内壁印有几只栩栩如生的小苍蝇，此时，男士们不管年龄多大，都变成了长不大的孩子，忍不住要对准发射。这自然而然地促使他们向前多迈出一步。这种方法更加有趣而且有效。

除了利用游戏和趣味的因素外，我们还可以通过利益来影响别人去做一些他们本来不愿意做的事情。毕竟，人们都有逐利的本能。在这里，利益并不仅指金钱，还包括其他与自己相关的有用的东西或用途。

例如，一个社区营销公司想要获取老年人的微信号，但直接加微信的请求可能会被拒绝。于是，该公司的一位具有摄影技术的员工想出了一个策略。他主动去社区广场给那些跳舞的老年人拍了很多照片，老年人们看到照片都觉得不错，自然会问："小伙子，可以把这些照片发给我们吗？"这位员工便顺理成章地添加了很多老年人的微信，完成了公司的任务。

这个例子并不是在鼓励大家都去采取这种营销方式，甚至站在老人的角度，我们要警惕这样的营销公司。然而，通过该案例我们可以看到，在寻找问题解决方案时，确实应该站在对方的需求和利益角度，以某种方式"曲线救国"式地实现我们的目标。

在某些情况下，将事情的负面影响告知对方也是在维护他们的利益，这样可以促使他们改变某些行为。

举个例子，在某餐厅里，有一群小孩在追逐打闹，严重干扰了其他顾客的用餐体验。服务员尝试劝阻孩子们，并建议家长加强管教，但这些孩子的家长不以为意，放任孩子自由行动，因为他们认为自己的孩子活泼可爱，对其他顾客的体验并不在乎。于是，服务员不得不向餐厅主管报告了这一情况。过了一会儿，餐厅主管亲自走过来，礼貌地对家长们说："各位不好意思，今天在餐厅就餐的顾客很多，服务员手里经常要提着热铁板和小火锅，如果小朋友不慎撞到，很容易烫伤。所以请让孩子们返回座位。"这番话让家长们立刻露出惊恐的表情，他们也立即控制住了那群淘气的孩子。

上述思路是现代社会首创的吗？当然不是，很多思维方式古已有之，我们只要稍加了解便会知道，古人早已积累了丰富的智慧，供我们借鉴和传承，但其挑战在于：首先，需要深入学习并理解；其次，需要灵活运用。

且举一例。早在公元前400多年前的战国时期，魏国上地太守李悝颁布了一条非常奇葩的法令"习射令"，该法令规定，老百姓遇到纠纷，谁射箭更准，谁就占理。虽然荒唐，但为了不在官司中落入下风，上地的老百姓就纷纷开始练习射箭。射箭成为了"全民运动"，有了这样的"群众基础"，上地的士兵个个都是射箭高手，在与秦国的战斗中取得优势，帮助魏国成为战国早期的强国之一。显然，如果不是因为射箭可以在纠纷中对自己有利，估计大多数人也不会那么积极地响应太守发起的"习射令"。

以上种种不同的转换思路,有没有一个共同的规律或者窍门呢?笔者分析下来,其实就是寻找以下三个因素的重叠部分:我们希望目标做的事情、对方愿意做的事情和我们能够提供的东西。只要找到了这三者的重叠部分,那么就不需要再去劝导和强制些什么。

难怪比尔·盖茨说过:"如果你在给别人提出问题时,就同时给出解决方案的话,他们就会立马去行动"。

限制反而是一种解放

我们鼓励大家在解决问题时要有创新思维，但很多人对创新存在两种误解。其中一种误解是把创新等同于创意，认为创新就是天马行空、不受约束、不受限制。这种看法是不全面的，因为天马行空只是问题解决过程中某个阶段的思维发散，而不代表寻找问题解决方案的完整过程。另一种误解是认为要实现创新，必须按照自己的设想将一切都准备就绪，就好像后厨要提前将所有食材、调料都备齐，主厨才能做出佳肴。这种观念在组织中很常见，它代表了一种按部就班、不愿意突破的保守思维。

我们强调要真正解决问题或解决真正的问题，就必须勇往直前、敢于迎接困难并有所突破。要达到这个目标，常常需要面对某些方面的限制。如果所有资源都已经齐备，按照常规思路就能解决的话，那么这个问题就不需要用创新思维去解决了。创造性地解决问题不仅不应该害怕限制，还应该感谢限制，因为它们往往是获得更好方案的指南针和催化剂。

这就好比要求一名作家随意写一篇文章或者小说，如果没有任何限制，结果通常是作家感到没有目标，不知道从何处着手。但如果给出一些限制条件，就等于为作家指明了方向。

有一次，海明威和他的朋友打赌，朋友要求他用六个字写一篇小说。于是，海明威写下了这样的小说："Baby shoes, for sale, never worn"（童鞋，待售，未穿）。这六个简单的字给人留下了无限的想象空间。

美籍俄裔作曲家、指挥家和钢琴家伊戈尔·菲德洛维奇·斯特拉文斯基曾说过："一个人给自己设置的约束越多，他获得自由的能力就越强。这些加诸的约束只是为了让行动更加有针对性。"通过对条件的限制，一方面可以聚焦于某一个方向，避免四处张望而漫无目的；另一方面，通过施加极限压力，可以让人如临背水一战，从而避免惯性思维的影响。

乔布斯在设计苹果电脑鼠标时，给设计团队提出了一系列要求，包括实现舒适的单手操作，可以在任何表面上正常工作（甚至包括在牛仔裤上），并且售价要低于15美元。从当时的主流技术水平来看，这些要求都非常具有挑战性，但同时也为设计团队规定了努力的方向。

看起来令人头痛的限制，在很多情况下能够促进人们找到新的问题解决方案，实现质的突破。玛丽莎·梅耶是谷歌的第一位产品经理和首位女工程师，也是《商业周刊》"创新产业25位领军人物"之一。她认为"创造力乐于被限制。人们总是觉得创造是一种艺术品———一种不受限制、随意流淌的努力，最终会产生美妙的效果。但如果你深入了解一下，就会发现最能激发灵感的艺术形式（俳句、奏鸣曲、宗教绘画）都是充满限制的。正是因为创造力能够战胜这些规则，才产生美感……实际上，在受到限制的时候，创造力是最有生机的"。

因此，我们不应该害怕限制，甚至应该主动增加限制，看看我们能否在极限中迸发出创造力，找到令人瞩目的问题解决方案。

"替身"的作用不容小觑

替身常常指的是在影视剧中，为了保护主要演员的安全或者因为该演员不具备某种特殊技能，而在摄影镜头前用其他演员进行替代。这些替身在身材等主要特征上与原演员接近，从而不影响剧情的表达。

在解决许多其他问题时，我们也经常面临一些困难，无法直接处理目标对象。然而，只要我们能够找到在我们关注的某些特征方面与原目标对象等价的其他事物，就可以代为实现目标。

规避空间或者时间限制

在数学中存在着等量替代的概念。当我们没有随身携带卷尺时，为了测量某段距离，可以先使用手掌、脚掌等身体上长度相对固定的部位进行替代测量，然后再找机会测量自身手掌、脚掌等部位的长度，进行换算。

通过等量替代，我们可以解决由于空间或时间限制而无法直接测量的问题。

让我们考虑一个具体的情况：给定一把直尺，要测量实心长方体具有对角关系的顶点 A_1 和 B_1 之间的距离，且不允许切开实心长方体，也不允许进行计算。在这种情况下，我们可以尝试寻找一种方法来复制线段 A_1B_1 到方便测量的位置。例如，我们可以将实心长方体靠着墙角,虚拟出一个相等的长方体,在墙角上测量点 A_2 到点 B_2 的距离,该距离即为点 A_1 到点 B_1 之间的距离。请参考下方示意图:

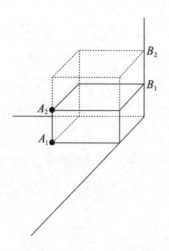

在某些情况下,我们需要清点人员或物品的数量,但是当前可能没有足够的时间进行计数。这时,我们可以拍摄一张照片,待有时间的时候再通过照片进行统计。在这种情况下,照片就成为实际场景的"替身",帮助我们完成数量的统计工作。

让问题更容易理解

有这样一道题目:

清早,一个和尚开始登山。唯一的登山道崎岖并且漫长,和尚的速度时快时慢,偶尔休息一下。在太阳落山的时候,他到达了山顶的庙中。第二天早上,同样的时间(比如早上八点),他从山顶原路返回山脚,同样时快时慢,很随意地走着。大约在太阳快要落山的时候，他回到了山脚。请问，是否存在这样一个时间点，和尚下山与上山时正好都在同一位置，这种可能性有多大？

粗看题目，似乎难以确定。但我们换一种思路来考虑，就会豁然开朗。我们在和尚下山的同时，虚拟另外一个和尚从山脚出发上山，其轨迹和速度完全模拟前一天和尚上山的情况。试想一下，这两个和尚是不是一定会相遇？而相遇的那个时刻，两个人的位置当然是一致的。所以，题目中所说的情况是百分百会发生的。

通过将"另外一个和尚"作为前一天和尚的"替身"，我们可以更直观、更容易地解决这个让人无法捉摸的问题。

作用等效成本更低

媒人在介绍两个年轻人认识之前，会让他们相互看对方的照片，这样双方可以在见面之前确定初步意向，提高成功率，同时避免了时间和精力的浪费。

在不少场合中，我们可以看到利用"替身"来代替真实事物的例子。比如在服装店中摆放的塑料模特和装饰用的假花，以及售楼处展示的楼盘模型，都是利用"替身"来以较低成本实现演示的目的。

电影《女狙击手》中，为了快速锁定敌方潜伏位置，主角制作了一个和真人大小类似的布娃娃，并穿上军装，在阵地上故意暴露出来，吸引敌人射击，以实现后发制人的目的。

近年来，数字化和各个产业进行结合，其内核也是利用虚拟手段替代过去的实际操作，从而提高效率并节约成本。

例如，随着城市管理和企业管理等领域数字化建设的推进，出现了BIM（建筑信息模型）和数字孪生等新概念。本质上，它们都是对物理世界进行数字化复制的方法，从而实现对物理世界的监控和管理。这种复制，可以减少大量的人力和时间成本，同时极大地提高效率和自动化水平。举个例子，通过BIM技术，我们可以对公园的地下管网进行实时监控，随时了解是否出现渗漏问题，从而能够迅速对问题进行处理。如果没有这种数字化的"替身"映射，使用传统的维护方式可能需要花费大量精力去寻找渗漏点。

甚至在娱乐业界，也开始尝试利用数字化手段来打造IP形象。例如，在2022年9月，百度与一家娱乐公司合作推出了虚拟艺人夏南屿，并推出《我们的AI》线上直播节目。夏南屿的形象、动作和声音都经过精心打造，其舞台效果几乎与真实艺人的表演无异，从视听的角度来看甚至更胜一筹。业界普遍认为，这种新形式通过数字技术对真实艺人进行替代的尝试，在某些方面具有成本优势，并且能够规避真实艺人因为"负面新闻"而导致的经济损失，更加可控。此外，数字技术在舞台设计和声音设计等方面也更具想象空间。

阻止某种有害作用

在生活中，蚊子是令人讨厌的生物。轻微的叮咬会导致皮肤痛痒不适，而重者可能还会传播疾病。常规的思路是保持环境卫生，特别是及时清理容易滋生蚊虫的污水等，此外还可以进行一些消杀措施，个人防护方面可以涂抹药水或穿戴防护装备。但是否还有其他方法来对付蚊子呢？

雌蚊的寿命为37至74天，一生可以产卵6至8次，每次产卵200至300颗。也就是说一只雌蚊一生可以繁殖2400只蚊子，其繁殖能力是非常惊人的。

在广州，某大学的科研团队利用蚊子工厂连续8年生产和释放"绝育雄蚊"，每年放飞3.6亿只绝育蚊子，以此来减少蚊子的繁殖。

据了解，该团队从果蝇、伊蚊和库蚊体内提取沃尔巴克氏体，并将其导入亚洲虎蚊体内，从而建立起携带沃尔巴克氏体的蚊株。原理是释放携带这种寄生菌的雄蚊，与野外的雌蚊交配，而由此交配产下的卵无法发育，从而降低当地蚊子的繁殖水平。

据媒体报道，在广州南沙沙仔岛和番禺大刀沙两个相对封闭的小岛上，该团队进行了蚊子释放实验，基本上消灭了当地亚洲虎蚊的种群。

在这个案例中，被处理过的雄蚊作为"替身"，减少了正常雄蚊的交配机会，从而减少了有效繁殖，最终遏制了亚洲虎蚊的群体数量。

生活中还有很多常见的巧用"替身"的例子。例如，在饮料中使用木糖醇代替蔗糖，是因为一部分消费者不想摄入过多的糖分，但仍希望保持口感，使用木糖醇作为"替身"，就能达到这个目的。在斋菜馆中，由于肉制品不被允许，就会使用豆制品作为"替身"，制作成肉菜的样式，以满足普通人的口感和习惯。

郭德纲教你破旧出新

郭德纲是一位杰出的相声表演艺术家。一些人认为他离经叛道，不符合传统相声的主流，而另外一些人则认为郭德纲秉承了传统相声的精髓，对振兴相声艺术功不可没。

在郭德纲的书中，他提到："从清朝末年开始，我们的前辈将中国语言里搞笑的技巧提炼出来了，伸袖就穿，拿过来就能用。这些东西你放在旁边不用，非要去做一些无谓的创新，那就是失败。《西征梦》那个段子说出来之后，别人夸我们，说这新节目真好！什么新节目，一百年前就有了。当时是说某个人做了一个梦，梦见去见西太后了，派兵去打太平天国。事隔不久就改了，变成梦见袁大总统，派兵去打其他军阀。这说明了什么呢？为什么不接着说西太后呢？他知道离观众远了。我们现在改成梦见布什了，组建一支维和部队，你看这三个故事用的其实是一个故事框架，主体包袱的结构、人物的性格都没有变化，但是你说布什，就是比说西太后有效果，能接受。这就是传统相声与时俱进的地方。"

笔者认为，郭德纲对于传统相声艺术的基本原理有深入的领悟，并结合时代背景对其中某些叙事元素进行了更新，给一度显得陈腐的相声艺术增添了一些时代气息，因此更受群众欢迎，恢复了相声艺术的活力。

以此思路，我们还可以对中国古代的许多小说进行"翻新"。因为许多古代小说的内容结构通常按照以下步骤展开：

书生遇难→小姐搭救→后花园私订终身→应考及第→衣锦团圆

如果我们要根据这个思路进行新的故事创作，可以从上述过程中提取出8个要素，对它们进行替换，就能产生许多新的故事版本。

第一个要素：书生，可替换为大学生、程序员、音乐家、医生、作家、警察等。

第二个要素：落难，可替换为溺水、车祸、诽谤、失恋、山中遇险等。

第三个要素：小姐，可替换为大学生、酒吧女孩、女医生、歌手、导游等。

第四个要素：搭救，可替换为资助、收留、同情、开导、救助、献血、辅导等。

第五个要素：后花园，可替换为家里、公园、咖啡厅、山洞、海边、医院等。

第六个要素：私订终身，可替换为接吻、结婚、通信、鼓励、帮助事业、求婚等。

第七个要素：应考及第，可替换为取得学位、生意成功、做官、科研突破、大病痊愈等。

第八个要素：衣锦团圆，可替换为结婚、变心、父母反对、私奔等。

通过自由选择和重组这8个要素，我们可以产生无数个新的故事版本。

世间万物都不仅仅具有一个特征，举个简单的例子，一个苹果具有重量、颜色、产地、甜度、价格等多种特征，每一种特征又有无数的变量，例如产地可以分为陕西、山东、河北等。明白这一点后，不同特征及其变量的组合就有无穷多个方案。这样去思考一个物体、一个事件或者一个关系，就能得到不同的组合。

总结为八个字就是：框架不变，参数改变。

这个思路在商业上又有什么启示呢？

东莞有一家幼儿园，因为市场竞争加剧以及适龄幼儿人数总体下降的原因，经营出现困难。于是，这家幼儿园摇身一变，成为了一家老年大学。

无论在哪个行业，一个完整的商业模式通常都涉及几个关键因素：产品或服务的提供方、可利用的资源、可提供的产品或服务、购买这些产品和服务的目标群体。在这个案例中，幼儿园可以在基本维持原有各个方面要素的基础上，只是将服务的目标群体从幼儿变为老年人。而且由于幼儿和老年人所需服务的相似性很大（尤其是唱歌、跳舞、手工等课程），原有的校舍和教师资源基本可以继续利用。这就是在保持原有资源框架不变的同时，通过改变目标群体这个参数，从而开发了新的市场。

从"左右为难"到"随机应变"

在一些问题中，兼顾各种不同的场景和需求是至关重要的，如果采用固定的方案，就会陷入左右为难的境地。在这种情况下，可以学习"见风使舵"的精髓，保持机动性和随机应变能力。举例来说，一座桥的桥面如果太低，会妨碍底下船只的通航；如果桥面太高，在成本控制和整体稳定性方面都不太容易处理。为了解决这一问题，可以采用一种机动的方案：部分桥面可以进行活动，当船只靠近时，可以抬升、翘起或旋转，以便让船只通过；其他时候，桥面维持与普通桥梁相同的状态。世界各地的桥梁中就存在这样的设计：威尔士里尔福伊德港的龙桥桥面可以以45度翘起，阿根廷布宜诺斯艾利斯的妇女桥可以以45度旋转，伦敦塔桥和中国天津海门大桥可以将部分桥面垂直抬升。

另一个例子是户外太阳伞的底座。为了保持稳定性，防止被风刮倒或人为碰倒，底座需要有一定的重量。然而，有时候需要移动太阳伞的位置，例如放到仓库中或搬到另一个地方使用。针对不同的情况，人们对太阳伞底座的重量有不同的需求，既希望在日常使用时它能足够重，又希望在移动时它能足够轻。怎么办呢？这里便可以运用"随机应变"的思路，将底座设计成中空的，需要固定太阳伞时将它灌满水，需要移动时将水排空。这样一来，就可以在不同的情况下，根据需要灵活地调整底座的重量。

　　总的来说，这种思路具有两个特点。第一，状态之间的转换容易实现，即可以便捷地进行相应的调整。第二，实现这样的思路通常不需要高昂的成本。

识时务者懂得放弃

"识时务者为俊杰",有些问题放弃"解决",也是一种有效的"解决"。具体包括以下几种情况。

权衡投入产出比

木桶定律是一个众所周知的概念,是指木桶的盛水能力取决于最短的那块木板,而不是最长的那块。基于这个核心概念,木桶定律还有两个推论:首先,只有所有木板的长度都足够,水桶才能盛满水;其次,只要水桶中存在一块长度不够的木板,水桶就无法装满水。

这个定律给了我们很重要的启示,但有时也会限制我们的思维灵活性。其实,当木桶的短板的宽度不大时,我们完全可以考虑去除它,并把剩下的木板重新合围成一个新的木桶。在实践中,对于一些公司的非核心业务,如果存在短板问题,但是修复这个短板所需的代价过高,可以考虑放弃该业务,或将其外包,以减少对公司整体运营的影响和困扰。

在追求完美和考虑代价之间,我们需要进行理性的权衡。在日常生活中,有很多时候我们需要放弃追求那只完美的木桶。

以笔者的一辆大众旅行轿车为例,该车型全系标配全景天窗,这在2012年左右非常罕见。然而,几年后,许多车主都面临一个共同的问题：天窗密封件开始老化，导致下雨时车内顶棚容易渗水和被弄脏，严重情况下还可能导致电路受损。由于这款车型是小众进口车，再加上内部零件设计存在缺陷，维修难度较高，4S店的维修报价令人咋舌，费用高达数千元。少数车主选择直接用密封胶对天窗进行简单处理，解决了漏水问题，代价是天窗无法再打开。对于那些几乎不使用天窗的车主来说，这个方案是一个不错的选择。

抓住新机会

1829年，李维·施特劳斯出生于德国一个小职员家庭。他从小就显示出聪明才智，顺利完成了中学和大学的学业，步父辈后尘，从事了文职工作。

然而，到了1850年，一则消息在当地传播开来，引发了人们无尽的希望和幻想：美国西部发现了大量的金矿。无数人纷纷涌向那片曾经人迹罕至的西部荒地。

当时的李维·施特劳斯才二十多岁，他内心深处的冒险精神开始蠢蠢欲动。作为一个犹太人，他从不满足于平凡的文职工作，渴望冒险。因此，他也加入了涌向美国西部的淘金人潮中。

经历了漫长的旅途，李维抵达美国后发现，曾经的荒凉之地如今到处都是淘金者。帐篷散布于各地，人们希望通过淘金实现财富梦。然而，这个想法让李维陷入了深思。

他意识到，这么多的淘金者聚集在一起，生活在帐篷中，离城市中心又很远，购买日常用品十分不方便。他还注意到，许多淘金者为了买一些日用品不得不长途跋涉。于是，他决定放弃原本的淘金计划，转而开了一家日用品小店，以赚取淘金者们的钱财。

果不其然，李维的小店生意兴隆，顾客络绎不绝。很快，李维便获得了可观的收益。

李维懂得分析形势，评估得失，并及时放弃竞争激烈的淘金计划，另辟蹊径地积累了自己的第一桶金。

接下来的一天，他乘船外出采购了大量的日用百货、帐篷以及马车篷用的帆布。由于船上旅客众多，百货很快就被人们抢购一空，而帆布却无人问津。看到这一情景，李维感到十分沮丧。然而，一个淘金工人走过来仔细地观察着那些帆布。李维高兴地迎上前去，热情地问道："您是不是打算买些帆布搭帐篷？"工人摇摇头说："我不需要再搭帐篷，我需要的是像帐篷一样坚固耐用的裤子，你有吗？"李维惊讶地问："为什么需要这样的裤子呢？"工人告诉他，淘金工作非常艰苦，衣裤经常在石头和沙土上摩擦，用棉布做的裤子很快就破损了。"如果用这些厚实的帆布做成裤子，一定坚固耐磨！"淘金工人的话给了李维启示。他想，既然这些帆布卖不出去，不如试着制作裤子。于是，他用带来的厚帆布制作了裤子，并向淘金者们销售。

1853年，李维·施特劳斯亲手制作了第一条后来被称为"牛仔裤"的帆布工装裤，当时淘金者们称之为"李维氏工装裤"。

李维·施特劳斯两次聪明地放弃了原有的想法，并快速积累了财富，走上了"人生巅峰"。

在科学研究领域也有类似的例子。现在的公共场所基本都安装了烟雾报警器,在防火救灾方面发挥着重要作用。然而,烟雾报警器的发明和应用却是一个戏剧性的故事。

20世纪60年代初,许多工程师都致力于发明更好的火灾报警器。然而,许多工程师却研究错了方向,他们认为探测火灾的最佳方法是检测温度是否上升。

此时,一位名叫皮尔索尔的工程师在研究静电消除器(他想减少工厂和实验室中的静电)时发现了一个偶然的现象:有一天,有人在他的工作室里点燃了一支香烟,触发了他的静电消除器。这让皮尔索尔意识到他的设备可能能够对烟雾颗粒产生感应。在一位朋友的建议下,他在静电消除器的基础上,转向了烟雾探测器的研发。

皮尔索尔没有关于火灾预防的背景知识,对烟雾报警工程也知之甚少。尽管如此,他花费了几年的时间制作样品,最终为美国家庭设计出了第一台价格低廉、使用电池供电的烟雾探测器,开创了一个价值数十亿美元并每年拯救许多人生命的产业。

皮尔索尔后来写道:"我们开始实验时,从未想过我们的结果会给世界带来如此巨大的变革。"在他最初开始实验时,他原本的目标只是解决一个小问题,然而偶然的发现让他意识到一种更紧迫的社会需求,于是放弃了原来的目标。

放弃"主干道"而抄小道

为了提高飞机的飞行速度,工程师通常会努力提高发动机的功率。然而,功率在一定的技术水平下存在限度,继续提升发动机功率会面临瓶颈。要解决这个问题,工程师需要从其他方面寻找提升飞行速度的方法。

在思考如何提高飞行速度时，工程师开始思考除了发动机之外，还有哪些因素会影响飞机的飞行速度。这种思考方式类似于在前往某个目的地时，寻找是否存在除主要道路之外的其他路径。

从空气动力学的角度来看，飞机的外形设计会影响风阻系数，因此工程师可以通过优化机身设计降低风阻系数，进而提高飞机的飞行速度。

有时候，我们在追求目标的过程中会遇到各种问题，甚至可能会陷入困境，感觉到达了天花板，怎么也无法突破。然而，如果我们了解实现目标的途径并不只有一条，而是存在多种途径，那么我们可以摆脱当前的困境，在其他路径上寻找机会，往往更有可能取得突破。

"用之即弃"便宜又方便

"用之即弃"的方式在某种程度上与环保理念存在一定的冲突。然而，在有些情况下，维护物品可能需要耗费大量的人力和物力，因此使用一次性物品便成为一种权衡利弊的选择。

例如，我们使用切纸刀的时间长了，刀尖会变钝。对于普通用户来说，重新磨制刀尖不仅耗时，而且技术要求较高。因此，掰断旧的一段，使用新的刀尖是更为方便和实用的选择。

在医院中，许多医疗器械如注射器、镊子等过去是使用后经过消毒再次使用的。然而，现在普遍采用一次性的医疗器械。这是因为消毒过程需要耗费大量的物资和人力，而且存在消毒不达

标的风险。因此，使用一次性医疗器械更加合理和安全。

在旅游过程中，我们经常需要更换内裤，但清洗和晾晒不方便。这时采用一次性内裤可以简单地穿完后丢弃，省去了很多麻烦。同样的情况也适用于毛巾，旅途中清洗和保存毛巾都很麻烦，因此使用一次性毛巾简便省时，而且成本也不高。

在有些情况下，使用一次性物品是因为技术水平的限制而无法实现重复利用。例如，多级火箭在升空后，多个助推器在完成推进任务后便会脱落并烧毁在大气层中，以使得火箭主体部分能够节约能源，实现更远的飞行距离。这是因为目前技术水平的限制所导致的策略选择。随着技术的发展，这种情况有望逐渐改变。

舍卒保车确保主体利益

壁虎会断尾以分散敌人的注意力，这是一种生存策略。类似地，一些公司为了激励员工，会采取末位淘汰的方式。在部队撤离时，也会有部分士兵负责掩护任务，以使主力部队能够快速撤离。

然而，在运用这种思路时，最大的挑战是人们对于已经投入的沉没成本产生的不舍感。中国人常说的口头禅"来都来了"正是体现了对沉没成本的迁就——人们倾向于认为后续的投入要"对得起"之前的投入，而不是从前瞻的角度来思考。这种思维需要被纠正。

往者不可谏，来者犹可追。我们无法改变已经成为事实的过去，因此当事态已经无法挽回时，我们应该抛开情感因素，果断行动，不再纠结于沉没成本，而是重点考虑未来的投入与产出比。

以一次个人经历为例，笔者曾因朋友的推荐去电影院看一部电影，但看了一段时间后发现并不符合自己的口味。是走还是留？笔者毫不犹豫地选择了离开。尽管已经购买了电影票而没有看完有些可惜，但坚持留在那里浪费时间将是更大的错误。

在企业经营中，类似的正反案例比比皆是。对于某个项目或技术方向，如果我们已经投入了大量的财力和物力，而通过评估发现错误或有更好的方向时，我们应该警惕对于沉没成本的无意义留恋。

20世纪五六十年代，许多公司都投入了大量资源进行大型计算机的研发，松下通信工业公司也是其中之一。在研发大型计算机项目上，松下公司已经投入了5年时间，总资金达到了10亿美元。然而，经过松下幸之助对未来市场的研究和判断，他发现大型计算机市场的竞争过于激烈，风险太大。结合松下公司的风险承受能力，松下幸之助果断决定放弃该项目。后来的事实证明，他的决策避免了更大的损失。

很多情况下，解决问题都需要果断行动，就像"断臂求生"一样。

第四章

站在地上才有
诗和远方

　　我们常常认为世界就是我们所"以为"的，这也是试图解决问题的过程中容易导致失败的因素。因此，虽然仰望星空、思考无边的宇宙可以产生无数的创意，但也要学会俯下身来，亲吻现实的大地。

世界不是"我以为"的

一对男女热恋多年，彼此心心相印如胶似漆，觉得每分每刻都是那么幸福甜蜜。然而，一旦步入婚姻，随着柴米油盐的琐碎事务涌入生活中，两人的感觉似乎发生了改变，互相指责对方说："你变了！"

在婚前，他们在马路上、公园里、商场中交流时，都是通过想象对未来生活进行规划。然而，一旦结婚，他们必须面对真实生活中的琐碎问题。之前未曾遇到的很多问题开始浮现出来。如果这些问题没有得到妥善处理，两人的关系就会面临巨大的危机。

我们常常认为世界就是我们所"以为"的，结果在现实的敲打下，我们才逐渐明白，有些时候我们错了。因此，虽然仰望星空、思考无边的宇宙可以产生无数的创意，但也要学会俯下身来，亲吻现实的大地。

欧乐B公司邀请IDEO公司为他们设计一款儿童牙刷。如果我们凭想当然之见，可能会简单地将成人牙刷缩小，因为很多儿童用品都是这样处理的。但实际上，当设计师们亲自去儿童家中观察他们刷牙的全过程时才发现，儿童刷牙与成人有很大的不同之处。儿童会用整只手握住牙刷柄，而不是像成人一样用手指夹着牙刷柄，因此IDEO的设计方案并非简单地按比例缩小成人牙刷，而是增加了牙刷柄的粗度，使儿童可以舒适地握住牙刷。

　　丰田生产体系中有一个核心原则称为"现地现物"，它是精益生产中最重要的概念之一。横谷雄司，作为负责2004款丰田塞纳开发的首席工程师，为了改进产品，在开发过程中亲自驾车穿越全美50个州、加拿大10个省3个地区以及墨西哥各地区，他与消费者进行了充分的交流，还认真观察了消费者的使用情况。最终，他得出一个结论，即新塞纳必须具备吸引孩子的特点。因此，在塞纳的开发中，横谷雄司增加了提升内饰舒适度的预算投入。

　　在过去，QQ邮箱曾模仿MSN和Gmail，但却未能取得成功，用户体验极差，甚至连马化腾自己都不愿使用。张小龙加入腾讯之后，最终决定彻底重构QQ邮箱的内核，并不再盲目追随其他产品的脚步，而是立足于用户的实际需求，追求快速和简捷的使用体验。为此，张小龙提出了一项严苛的"1000/100/10"法则，即每个产品经理每个月要阅读1000条用户体验反馈，回复关注100个用户博客，并进行10次用户调查。目的是让开发团队能够时刻与用户需求和实践相结合，而不仅仅是闭门造车。

　　1998年，华为邀请IBM进行流程再造，任正非同时纠正了一些技术人员对技术的过度崇拜，要求他们成为"工程商人"，只研究市场需要的技术。这也意味着所有的技术解决方案和产品实现都必须与实践紧密结合。

停止尝试才是真正的失败

要真正解决难题，挫折和失败基本上可以视为我们所面对的"标配礼物"，这是一个不可避免的过程。没有任何失败是绝对的失败，只有当我们停止尝试时才是真正的失败。

爱迪生在寻找灯泡的灯丝材料上花费了数千次的实验。对于他所经历的大量失败，他坦然地回答道："我没有失败几千次，我只是成功地证明了那几千种方法行不通。"

许多人都知道一个名为 WD-40 的除锈喷剂，功能是防锈、除湿、润滑和清洁，在保养各种金属部件、机电设备和五金工具等方面非常管用。然而，大多数人并不知道 WD-40 背后的含义。看起来它似乎是某种性能指标，类似于机油的标号。然而实际上并非如此，这个名称背后蕴含着一个产品开发的故事。

WD-40 实际上是"Water Displacement, 40th formula"的缩写，其中，"W"代表水，"D"代表置换，而"40"代表40次尝试。这个名称直接取自于1953年研发 WD-40 的化学工程师的研究笔记中使用的配方代号，数字40正是用来纪念研发这款产品所经历的尝试次数的。

多年来，家用吸尘器的外形一直很笨重，通常主机摆放在地上，需要拖着长长的电线，并使用类似大象鼻子一样的塑料管连接手持吸头，同时还伴随着刺耳的噪声。此外，清理吸尘器中的灰尘也是一个烦琐的过程。

然而，随着戴森吸尘器的问世，这种不愉快的体验产生了颠覆性的改变。戴森吸尘器不需要长长的电源线，外形像一把长枪，用户只需拿起吸尘器，按下开关，就能轻松地对付各种灰尘。透过透明的容器壳体，用户可以看到灰尘积累的数量，并且只需打开盖子，就能轻松地清理灰尘。使用戴森吸尘器的过程如同行云流水，充满优雅，让很多用户每天都喜欢使用这个"武器"去清理地上那些散落的"敌人"，内心甚至会产生被治愈的感觉。

这使得人们从内心深处感激这个产品的发明者，但大多数人并不知道戴森在开发第一款革命性产品G-Force时的漫长过程，以及新产品几乎流产的故事。

1978年，詹姆斯·戴森注意到球轮手推车喷涂室内的空气滤清器频繁遭遇粉状颗粒阻塞的问题。因此，他设计并建造了一座工业气旋塔，利用大于重力10万倍的离心力去除这些粉状颗粒。此时，詹姆斯·戴森想到，同样的原理是否适用于真空吸尘器呢？于是他开始了相关研究工作，在接下来的5年中进行了5127次模型试验，最终世界上第一款无尘袋真空吸尘器——G-Force问世了。然而，这个过程面临着各种困难，无法简单地用几句话概括：在他进行到第5次模型试验时，他的第三个孩子出生了，他没有时间陪伴；在第2627次模型试验时，他的梦想仍在继续，但是资金却耗尽了；在第3727次模型试验时，他的妻子的兼职成为全家唯一的收入来源；到第n次模型试验时，他们被迫抵押房子，并排队等候银行处理。直到第5127次尝试，

G-Force终于诞生了。

在《发明：詹姆斯·戴森创造之旅》一书中，詹姆斯·戴森说道："我将自己埋头于吸尘器原型机的开发设计之中。这是戴森品牌故事的一部分，我制作了5127个原型机，最终找到了一个适用于生产授权的模型。这个数字是真实而确切的。持续测试和不断的改进非常耗时，但这是必要的，因为我需要跟进并证明或反驳我的每一个理论。无论多么令人沮丧，我都拒绝被失败击倒。那5126个被我抛弃的原型机，也就是那5126次所谓的失败，都是发现和改进过程中的一部分。正是由于它们，我才在第5127次的设计中得到了正确的结果。"

聪明人都有"模型思维"

在寻找解决方案的过程中，IDEO 这家著名的设计公司高度重视原型制作的作用。他们认为，制作模型是解决问题的关键步骤，不论是针对新产品还是新服务，都可以制作相应的模型来推动创新方案的发展，并且逐步完善它们。

在 IDEO 的企业文化中，制作模型已经成为一种本能的习惯。无论什么时候，在推动想法进一步完善或需要验证观点时，他们总是希望能够制作出一个实物，而不仅仅是凭空想象或在纸上进行讨论。此外，制作模型并不需要过于复杂或昂贵的材料和设备。废物利用和就地取材的理念在 IDEO 中根深蒂固。例如，无论是为苹果设计第一款鼠标还是为罗技设计游戏方向盘，他们会从折扣商店购买一个仅值两美元的小碟子作为滚动球的承载部件，或者临时使用红色橡胶代替计划中的黑色橡胶。虽然这样的模型甚至可能还不如幼儿园儿童的手工作品精细，但它们能够体现突破性的想法并发现新的可能性。

埃里克·里斯的精益创业理念也强调从"最小可行产品"开始，以测试所谓的"价值假设"，从而提高成功的概率。Facebook 最初只在几所大学校园内运营，仅有 15 万注册用户，并且几乎没有收入。然而，作为一个"最小可行产品"，这个项目展现了一些"经过验证的认知"：首先，用户活跃度很高，有一半的用户每天都访问网站；其次，增长速度惊人，而且并不依赖市场营销和广告。

对于商业模式，硅谷创业大师史蒂夫·布兰克告诫人们要提出假设，不断实验，探索出最佳结果，而不是试图一开始就构建宏伟的计划。

尽管很多人也认识到一个好的想法是否能最终成功，需要进行调查，并与客观现实相匹配。然而，遗憾的是，如果这些初期的调查和测试与最终情景相距较远，或者由于立场、角度等问题，都可能导致调研结果失真。

举例来说，在一家企业拿着问卷调查目标群体是否愿意购买某种产品时，消费者可能因为多种原因而给出与实际情况不符的回答。

情况一，消费者为了维护调查者的面子，尤其是在认识调查者的情况下，可能会做出让步回答。

情况二，消费者为了保护自己的形象，如果某种行为会对自己的形象产生影响，他们可能会选择非真实的答案来维护自己的面子。

情况三，如果消费者没有真正见过或使用过产品，他们对产品带来的好处就无法真正了解，这可能导致他们提供不准确的答复。

因此，在某些情况下，调查问卷并不能完全反映实际情况。当一些项目需要进行实地测试时，不必一上来就全面投入，可以采取小范围测试的方式。

2022年春节后不久，百度的无人驾驶项目"萝卜快跑"在深圳启动。为了完善这个新事物，"萝卜快跑"只选择深圳南山区后海片区的一部分作为测试区域，并且投入的车辆和人员都非常有限。无论是从网上接单还是街道实际测试，都邀请社会上陌生的用户参与，以便搜集各种真实有效的实际情况，并解决可能出现的问题。

当存在多个方案，但又不确定哪个方案更好时，可以推出不同类型的竞争原型，进行小范围测试，以便决定后续的选择和资源配置。这个思路就是我们通常所说的 AB 测试。

AB 测试的思想源自医学上的"双盲实验"。在药物效果的检测中，随机对照试验非常重要。试验对象被分成两组，一组服用要测试的药物，另一组服用安慰剂，试验对象并不知道自己所接受的是哪种治疗，从而避免了心理因素的影响。通过后续的数据对比来判断药物是否有效。

后来，AB 测试被用于 Web 或 App 界面或流程的开发中。它指的是在同一时间维度内，制作两个（A/B）或多个（A/B/n）版本，让组成成分相同或相似的访客群组（目标人群）随机访问这些版本，并收集各群组的用户体验数据和业务数据，最后分析评估出最佳版本，正式采用。

广义的 AB 测试是指企业在同一场景下对不同方案进行测试，以便做出决策。

在资源配置方面，我们可以看到各个自媒体平台的流量分配实际上就是 AB 测试的一种扩展。对于用户上传的内容，平台进行尝试性的小范围分发，根据受众的点击率、浏览时间、回复率等指标进行取舍，逐步增加优质内容的分发强度，从而在无数次

AB 测试中自动分配流量，使海量内容获得更好的展示效果。

AB 测试可以避免一些"想当然"的产品策略。举例来说，某网站计划增加一项名为"懒惰注册"的功能，即顾客无须注册便可立即使用相关服务。只有当用户体验了该服务的好处后，才会被要求进行注册。为了确保决策的可靠性，该公司进行了 AB 测试。他们选择了一组同类型的用户，并要求这组用户立即注册才能使用服务。通过与另一组"懒惰注册"的用户进行比较，发现两组用户在注册率、激活率以及后续的保留率方面并没有明显差异。因此，公司对于开发"懒惰注册"功能的紧迫感大大降低了。

这种方法同样适用于其他产品，特别是想评估某个新功能或属性的改变对目标消费群体的影响时，通过 AB 测试就可以进行鉴别。实际上，很多时候，企业自以为是的产品性能提升对消费者的购买行为并没有实质意义，甚至可能起到反作用。

AB 测试是推动快速原型开发的重要手段，体现了"实践是检验真理的唯一标准"的理念。

这种方法在日常生活中也非常有用。例如，当笔者给家里的猫咪黑格耳买猫粮时，由于不确定它喜欢哪种口味，笔者便会买几种口味的试用装来尝试，观察黑格耳更喜欢吃哪一种，再决定后续的大容量购买。

低成本测试的原理非常简单，但需要我们从小事开始形成这种意识，并善加利用。这是尊重实践，提高效率的问题解决思路。

无人赏识时不妨做个"忍者"

忍者是日本历史上出现的一种特殊武士群体。在影视剧中，我们常常看到的忍者总是一身黑衣，而实际上，他们可能打扮成农夫、乞丐、手艺人等多种角色。他们武功高强，怀揣使命，隐忍于江湖，不为人所知晓。

当一个人拥有了解决问题的能力并找到了行之有效的解决方案，但却暂时未被外界认同时，也许就需要学习忍者的精神：隐忍，但不忘使命。

《亚威农的少女》是毕加索的重要画作，可称之为毕加索艺术创新的里程碑。从这幅画开始，毕加索完全抛弃了传统的画法，形成了自己的风格，创造了立体主义。然而，当他完成这幅画之后，却备受打击。

受非洲雕塑的影响，毕加索构思了这样一幅画：一个水手和五位少女吃喝，他们身边是水果和鲜花。这时，另外一个男人手提一具头盖骨走进画面。但这个构思很快被毕加索自己否定了，他决定删去水手，只留下五位少女和一堆水果。

经过几天的闭门创作，作品完成了。作品上的五位少女被高度抽象化，使画面具有一种纯粹的田园乐趣。少女的肤色在蓝色背景下十分突出，但她们睁大的黑眼睛却给人一种高冷和神圣的感觉。在五个少女中，左边三个少女的表情相对平和，而右边两个则做成奇怪的表情，仿佛鬼神。

《亚威农的少女》对主流审美是一个巨大的挑战。毕加索想要实践一种"不基于美的审美观"。然而，当毕加索完成画作后，兴致勃勃地邀请自己看重的一批朋友到画室来欣赏，得到的却是一堆否定。

著名画家马蒂斯甚至愤怒地说："这简直是一种暴行，是对现代艺术的野蛮讽刺和嘲弄。"一直对毕加索甚为欣赏的乔治·勃拉克也说："这好像表示我们应该换换口味，用麻屑和石蜡来代替我们吃惯的东西。"甚至还有人说："毕加索迟早会吊死在他这幅油画的后面。"

尽管这些评论让勇于创新的毕加索备受打击，但他对新的道路充满了信心。他不想走回头路，去迎合固有的主流审美。他希望在艺术上有自己的独特之处。这让毕加索付出了很大的代价，新的风格没有那么快被大众接受，毕加索重新面临了挨饿的危险。

毕加索曾说他要"寻求一种新的表达方式，摒弃以往无用的写实主义，使用一种与我的思想有关的方法"，同时表示"我的意念离开一切外在的体制而成形，不管公众或者批评家们会怎样评论"。为了在艺术上实现创新的目标，毕加索选择了坚持走自己的路，并在一段时间内不理会外界的反应。

这样的例子还有很多。

J.K.罗琳开始给各家出版社送去《哈利·波特》手稿时，所有出版社都拒绝了。后来呈送给布鲁姆斯伯里出版社董事长奈杰尔·牛顿，奈杰尔·牛顿将其部分书稿拿给自己八岁的女儿爱丽丝阅读，爱丽丝说："爸爸，这本书好看得不得了！"这才让奈杰尔·牛顿对这本书重视起来，后来决定出版该书。这个八岁的女孩堪称J.K.罗琳的"贵人"，这也让我们不得不感叹，或许世上还有很多像《哈利·波特》这样的杰作因为得不到伯乐赏识而被埋没了！但从另一个角度看，正是因为有像J.K.罗琳一样的作家坚持不懈地创作，才最终能够涌现出《哈利·波特》这样的杰作。

上文我们提到，戴森吸尘器是历经5000多次模型试验才研发成功的，这款被命名为G-Force的无尘吸尘器在推广和合作方面也充满了困难。

G-Force虽然实现了技术上的突破，但当时传统吸尘器在欧洲市场上仍占据着相当大的份额。业内人士守旧并抱持既得利益，不愿意尝试创新的产品，他们选择维持现状，对戴森的产品采取了保守的态度。这种态度使得戴森无法找到合作伙伴，甚至一度使公司陷入破产的边缘。

这时，坚韧不拔的戴森就像一个忍者一样，秘密地追求自己的目标。他不断努力，四处寻找机会，并最终在日本市场上取得了突破。这之后，戴森的产品逐渐得到更多市场的认可，走上了成功的道路。戴森的故事告诉我们，即使面对困难和挫折，只要坚持不懈地努力，寻找合适的时机，就有可能实现成功。

推翻"思维壁垒"

柴油机之父鲁道夫·狄塞尔曾深刻认识到："即使一项发明取得成功，它的推广也将面临种种困难，如愚蠢与嫉妒、惰性与恶毒、隐秘的抵制和公开的利益冲突。"为了使成果被世人认可，有些人靠的是表面的妥协，有些人靠的是顽强的坚持，还有些人可能依赖运气。但仍有一些人选择"豁出去"，以令人难以置信的举动，努力推翻他人的"思维壁垒"。

巴里·马歇尔于1974年在西澳大利亚大学获得医学学士学位。1981年，在皇家佩思医院担任内科医学研究生期间，他遇到了罗宾·沃伦——一位对胃炎感兴趣的病理学家。他们共同研究了与胃炎相关的幽门螺杆菌。以100例接受胃镜检查和活检的胃病患者为研究对象，最终证实了幽门螺杆菌与胃炎之间存在关联。此外，他们还发现该细菌存在于所有十二指肠溃疡患者、大多数胃溃疡患者以及约一半胃癌患者的胃黏膜中。大量研究表明，超过90%的十二指肠溃疡和约80%的胃溃疡都是由幽门螺杆菌感染引起的。

"细菌引起胃溃疡"的观点直接挑战了当时的主流观点——"消化性溃疡是由情绪性压力和胃酸引起的，只能通过重复使用抗酸药物来治疗"。当"细菌引起胃溃疡"的观点首次提出时，科学家和医生们嘲笑它，不相信会有细菌居住在强酸性的胃内。

由于缺乏人体试验对象，1984年的某一天，马歇尔决定把自己当作"小白鼠"，他吞下含有大量幽门螺杆菌的培养液。5天后，他开始出现冒冷汗、进食困难、呕吐和口臭等症状。经胃镜检查，发现马歇尔的胃黏膜确实布满了这种"弯曲的细菌"，而穿过胃壁的白细胞正在努力吞噬和摧毁这些幽门螺杆菌——这就是导致胃溃疡的原因。

虽然人们对马歇尔的疯狂举动惊呼不止，但也逐渐开始接受幽门螺杆菌才是导致消化性溃疡的元凶这一结论。

2005年，巴里·马歇尔和罗宾·沃伦因发现幽门螺杆菌及其在胃炎和溃疡等疾病中的作用而获得诺贝尔生理学或医学奖。

我们也经常会遇到类似的情况，例如，在工作中拥有良好的思路，甚至确定了一种有效的方法，但最终无法说服领导、同事或消费者。该选择放弃吗？还是为了解决问题而勇敢地冲破障碍，放下一切去推动变革？

不要忽视"成功之父"

常言道"失败是成功之母"，但很少有人思考过：谁是"成功之父"？如果只是一次又一次重复之前的失败，其前途是渺茫的。失败本身并不能带来成功，对失败的反思才有可能！

这种反思应该是一种系统性的反思，不仅仅包括成果本身，还应该包括外界的诸多因素，冷静分析，接纳现实，寻找对策。

在美国硅谷，有一家叫作FailCon的公司，专门组织失败大会。通过失败大会，FailCon帮助其他人发现失败者的经验和教训，目的是找到自身的价值，收获成功。

FailCon公司的创始人叫卡桑德拉·菲利普斯。2009年，一心想创业的菲利普斯没有贸然行动，而是准备先学习一下其他人的创业经验。但当她开始对"创业经验"开展学习后，她很快发现，整个社会都在追捧那些成功的企业。而菲利普斯当时最需要的是那些失败公司的经验和教训。会不会还有人和自己一样希望找到失败公司的经验教训呢？沮丧之余，菲利普斯灵光一动，发现了其中的机会。为什么不去做那个提供失败经验的创业者呢？几经思考，菲利普斯决定组织一场失败者分享大会。菲利普斯找来那些愿意分享失败经验的CEO和创业者进行分享。之后她会组织参与者进行如何应对失败的圆桌讨论和头脑风暴。这个为期一天的失败者分享大会，特别成功，随着大会的参与者和影响力与日俱增，逐步发展为后来的FailCon。

在热血沸腾的硅谷，从来都不缺少失败，但人人都向往成功。所以FailCon一出现很快吸引了很多关注。微软、亚马逊等公司纷纷提供赞助。知名创业者们也乐于在FailCon大会上分享自己的经历。比如优步的创始人特拉维斯·卡兰尼克，就曾经在2011年的FailCon大会上讲述自己过去十年的创业过程和失败经验。

其实，从"营养价值"来说，失败所带来的反思，可能会比很多光鲜的成功光环给人们带来更多的启发和力量。2013年，中国也曾经有一本轰动企业界的畅销书《大败局》，该书作者吴晓波通过大量采访，对9家著名企业的经营失败案例进行了教案式解读，获得了企业家们空前的关注。这说明，失败的"营养价值"是值得重视的。但遗憾的是，在社会的整体舆论氛围中，"成王败寇"的成就意识根深蒂固，要让人们透过成功看到危机，通过失败汲取教训，这还有很长的路要走。

指引方向的万能公式

本杰明·富兰克林曾经说过："如果你发明了一个更好的捕鼠器，那全世界的人将会把你的门槛踏破。"

亨利·福特也曾表示："我们有一个传统的观念，那就是'任何事情都能够做得更好，并且永无止境'。"

然而，什么是"更好"呢？

苏联发明家和 TRIZ 理论的创始人阿奇舒勒提出了"理想度"这一概念，用于衡量一个方案的重要指标，其表述如下：

$$理想度 = \sum 有用功能 / (\sum 有害功能 + \sum COST)$$

这一表述不仅能够解决发明中的技术问题，还能广泛启发我们对各个领域问题解决方案的综合评价。

在此概念中，功能指对象对利益主体产生影响的某些属性。如果产生的影响是有利的，就称之为"有用功能"；如果是有害的，就称之为"有害功能"。同时，还需要考虑到在解决过程中可能涉及的时间、空间、材料、能量等成本，这在公式中表示为"COST"。

需要注意的是，上述公式并不具有严格的数学意义，因此无法像测定物质密度那样对每一个问题方案给出精确数值。然而，它的最大意义在于为我们评判问题解决方案提供了指导方向。

基于这一公式，TRIZ 理论还提出了"最终理想解"这一概念，作为寻找更优方案的指引。如果作为分子的"有用功能"趋向于无穷大，同时作为分母的"有害功能"以及资源消耗"COST"趋向于无穷小甚至为零，那么"最终理想解"将成为一个趋向于无穷大的完美答案。

然而，整体而言，"最终理想解"几乎是不可能实现的。但通过该概念，我们可以思考如何在取舍中实现更好的结果，就像我们永远无法制造出永动机，但可以不断提高机械效率。

对于这个公式，更通俗的总结和理解就是：趋利、避害、降成本。

首先，让我们谈谈趋利部分，即如何提升公式中的"有用功能"。

举例来说，一部手机的信号强度和稳定性、一本书对读者的启发、一架战斗机的飞行速度、一辆电动车的续航里程等，在通常情况下，都是我们作为使用者希望提高的方面，也是对我们有益的属性，即有用功能。

提升有用功能就意味着在这些有益属性上进行改进，比如手机的信号更加灵敏稳定，书籍在思想性和知识性方面更强大，电动车的续航里程更长……

讲到这里，笔者又要提到美国通用电气公司工程师L.D.迈尔斯提出的重要观念：用户购买的不是产品本身，而是产品的功能。

为了进一步说明，我们以吹风机为例。吹风机的有用功能是什么呢？有人说是"吹干头发"，这一表述在日常交流的层面似乎没错，但不够准确。准确的表述应该是"让水分离开头发"。

所以，吹风对人类有用的功能，并不局限于能够吹出热风，而是实现"让水分离开头发"。基于这个认知，用毛巾擦头发也是为了实现同样的目的，只是毛巾实现得不够彻底。假如我们有一种毛巾吸水性超强，能够达到和吹风机一样的效果。又或者，如果有某种粉末，在头上抹一抹，水分就蒸发了，同时也不会有什么副作用，是不是也可以呢？总之，只要能满足我们的需求，实现我们的目的，什么手段都可以考虑！这也提醒我们，一切都要以解决问题为核心，而不是把思维限制在某种常规的手段或者工具上。

对于企业而言，到底为客户提供什么样的产品和服务，也是值得认真思考的。德鲁克曾经在《创新与企业家精神》中举了这样一个例子：

美国中西部地区有一家中等规模的公司，专门供应大型推土设备和牵引设备（如建造公路所用的推土机和拉铲挖掘机；清理露天矿表层的重型设备；煤矿运煤的重型矿车等）专用的润滑油。这家公司的竞争对手是一些拥有众多润滑油专家的大型石油公司。

传统的营销方式是宣传润滑油的质量可靠，或者打价格战。但这家公司认识到，工程承包商所看重的润滑油的有用功能其实是机器设备的正常运转。一台重型设备停止运转一小时给工程承包商造成的损失，远比他全年花在润滑油上的费用要高得多。

于是，这家润滑油公司的做法是：首先，向工程承包商提供一份相关设备需要维护的分析报告；然后，制订一套相应的维护方案并给出年维护费用的报价，同时向他们承诺，一年之内因为润滑问题而停运的时间不会超过多少小时。不用说，工程承包商们都愿意接受此项方案。

显然，故事中的这家润滑油公司深刻洞察了用户的需求，他们所购买的不是润滑油，而是他们的机器能够正常运转的保障。

亨利·福特曾说过："如果我最初问消费者他们想要什么，他们会告诉我'要一匹更快的马！'因为他们将快速移动这个有用功能局限在马这个常见的载体上了。但是高明的问题解决者就明白实现快速移动不仅有马这个载体，还可以有其他手段，包括未知的手段。

接着讨论如何避害，也就是如何降低公式中"有害功能"一项。有害功能是指事物某个属性对利益主体有害的一面。由于事物具有多个属性，或者一个属性可能带来多重效应，常常会出现有用性与有害性共存的情况。在寻求问题解决方案时，我们应该尽量减少甚至消除有害功能，这就是趋利而勿忘避害。

在人类的发展史上，有许多伟大的发明。然而，伟大并不代表完美。当一项发明深刻地改变和造福我们的世界时，我们也会发现天使的另一面可能是魔鬼。强大的有用功能常常伴随着严重的有害功能。

20世纪20年代，美国通用汽车公司的工程师小托马斯·米基利发现在汽油中添加四乙基铅能够提高发动机的压缩比，使汽油燃烧更充分，从而提升动力。四乙基铅易于合成、价格便宜，只需加入少量即可大幅提高汽油的抗爆性能。因此，四乙基铅很快受到了石油公司和汽车公司的青睐，成为一项具有重大经济意义的创新。

然而，随着含铅汽油的推广，汽油燃烧时产生的铅严重污染了大气，导致全球铅中毒患者人数急剧增加。尤其是生产含铅汽油的各种工厂和实验室频繁发生工人死亡事件，人们对含铅汽油的质疑也逐渐增加。甚至米基利本人在与有机铅化合物接触一年后，不得不休假以缓解含铅粉尘对肺部的危害。

尽管四乙基铅曾被视为重大创新，但由于其危害性过大，作为创新解决方案的"理想度"过低，最终被大多数国家禁止使用。

小托马斯·米基利是一位技术天才，除了无铅汽油，他还有另外一个影响世界的发明。

1930年，小托马斯·米基利和查尔斯·凯特灵一起发现了一种性能优良的制冷剂——二氯二氟甲烷，也被称为氟利昂。然而，正如我们所知，1974年，氟利昂被发现对臭氧层具有破坏作用，因此后来逐渐被禁用。

更让人感到唏嘘的是，在1940年，当时51岁的小托马斯·米基利患上脊髓灰质炎，导致行动不便。他自己设计了一套绳索滑轮系统，以帮助自己在床上抬身或翻身。然而，在1944年，他被该装置中的滑轮绳索缠住，窒息身亡，终年55岁。

小托马斯·米基利的上述两项发明，以及他最后的人生悲剧，都是在追求利益的同时未能妥善应对潜在的危害，令人深感惋惜。

人本身具有多种属性，同样也有有用性和危害性，甚至同一个属性，在不同情况下也会产生正面、负面两种完全不同的影响和结果。斯皮尔伯格的电影《猫鼠游戏》讲述了这样一个故事：

故事的主人公弗兰克·阿巴格诺不满18岁时，因为父母离异而受到打击，孤独而伤心，并开始伪造支票骗取现金。他成功地在美国50个州和全球28个国家开出总金额高达600万美元的空头支票，成为美国历年通缉名单上最年轻的罪犯。之后，他又假冒飞行员，乘坐飞机头等舱并入住高级酒店。此后，他又利用一张伪造的哈佛医学院学位证书在乔治亚州一所医院当起了急诊医生。在那里，他迅速爱上了一位名叫布兰达的护士，并跟随女友来到她的家乡新奥尔良。布兰达的父亲是一名检察官，得知阿巴格诺已经在加州伯克利大学法律系毕业后（同样是伪造的），非常高兴自己的女儿找到了这样一位优秀的男朋友，并安排他成为了助理检察官。然而，聪明的美国联邦调查局（以下简称FBI）调查员卡尔·汉拉蒂盯上了阿巴格诺，最终阿巴格诺未能逃脱法网。阿巴格诺一次次逃脱FBI追捕的方法成为了人们津津乐道的话题。

实际上，这部电影改编自主人公的自传《有本事来抓我吧——一个诈骗犯令人惊异的真实故事》。通过这个改编自真实故事的电影，我们可以看到弗兰克·阿巴格诺为了实现自己的目标，采用了与社会主流不同的方法。那么他的人生"理想度"如何呢？对他来说，他的聪明才智作为"有用功能"，让他能轻松地取信他人，在各种身份切换中游刃有余。然而，他的聪明用错了地方，触犯了法律，使得"有用功能"转变为了"有害功能"，并为此付出了巨大代价，因此他的前半生"理想度"很低。

然而，在弗兰克·阿巴格诺出狱后，他将那些精于诈骗的能力，那些原本触犯法律的"有害功能"，改用在了正道上，帮助FBI调查金融犯罪，"有害功能"又演变成了具有很高社会价值的

"有用功能"，从而使他后半生的人生"理想度"实现了戏剧性的反转和飙升。

通过弗兰克·阿巴格诺的人生故事，我们可以看到"有害功能"和"有用功能"也可能相互转化。

随着社会公民意识的提升，以及企业对社会责任的日益重视，人们对于"有用功能"和"有害功能"的理解也发生了变化。我们的各种创新解决方案不能仅仅从本位主义出发自我判断，而是应该考虑到这些方案可能对社会以及其他群体和个人带来的影响。如果存在负面影响，就必须尽量消除和避免。

曾有一次，笔者参加了一个投资路演会，其中一个项目涉及地铁内广告位的开发。地铁作为人流密集的区域，广告位十分丰富，不论是站内还是车厢，都有平面和显示屏广告。在路演中，有一个新项目打算将地铁屏蔽门改成 LED 显示屏，用于播放广告。虽然演讲者提及了经济效益、技术实现和地铁运营方资源，却没有考虑到公众的感受。放置如此大型的显示屏在地铁车厢的出入口，是否考虑了乘客的视觉体验和安全？

虽然技术上可能存在解决方案，但这个项目的论证只从自身利益出发，完全忽视了公众整体利益。这表明该项目的"理想度"不高。未来的技术解决方案不应仅从技术或商业角度出发，而应考虑到社会整体利益，因为我们越往前看，越应认识到人类命运共同体的现实性。

技术和产品本身并没有善恶之分，但人类有。因此，越来越多的创新方案与人类的伦理和社会整体治理发生矛盾，尤其是在原子能、生物医学、信息技术和人工智能等领域。

社会创新的概念自德鲁克首次提出以来，受到越来越多的重视。事实上，社会创新并不是与技术、产品、管理和商业创新完全不同的概念，因为无论是个人还是社会，创新都具有社会属性。

哈佛商学院教授迈克尔·波特提出了创造共享价值的概念，鼓励企业在解决社会问题的同时创造可持续的价值。因此，无论是个人还是组织，在提出创新解决方案时，都应该牢记社会责任。

最后来说说降成本，也就是公式中分母的另外一个因素"COST"。

马斯克成立了研发宇宙飞船的公司SpaceX，该公司发射的"龙飞船"首次实现了由私人企业发射宇宙飞船并与国际空间站对接。尽管宇宙飞船与国际空间站的对接不是新发明或新成果，但SpaceX最引人注目的是对成本的控制。据说，SpaceX并没有刻意去仿造美国宇航局的产品，也没有按照传统思路对元部件实施"航空级"的要求。相反，他们在满足实际使用要求的情况下大量采用消费级电子产品，如家电、电脑等，借鉴经验或利用零部件，将火箭成本降低到传统产业的十分之一。因此，SpaceX在完成相同任务的情况下，大大降低了成本，降低了公式中的"COST"一项，从而使"理想度"大大提高。

对于面向社会的产品而言，降低成本意味着更低的购买价格和维护成本。小米围绕用户需求构建了小米生态体系，推出的产品具有较高的品质和非常具有竞争力的价格，从而在用户心目中打造了高性价比的品牌口碑。

作为一个消费者，笔者并不是小米的粉丝，但在过去几年中也购买了不少小米产品，例如电视盒子、闹钟、体重秤和充气泵等。每一款产品的使用满意度都非常高。特别值得一提的是小米九号平衡车，使原本价格动辄上万元甚至十万元的体感平衡车，价格降至两千元，这无疑是通过大幅降低成本而提高了该产品的"理想度"。

因此，小米这家公司表面上并没有什么惊世骇俗的独创发明，但通过生态构建、良好的工业设计和供应链管理，在保证品质的前提下，在价格上大做文章，从而在市场上取得了成功。

戴森推出了一款高速吹风机，采用了更好的电机，提高了风速，同时使用噪声也很低，但价格非常昂贵，是普通吹风机价格的几十倍。整体而言，对于目标市场即那些能承受高价格且追求高品质的消费者来说，"理想度"还可以接受。但对于大多数消费者来说，由于价格过高，其"理想度"并不高，这为国内品牌带来了机会。徕芬、京东京造、小米等品牌推出了价格大约是戴森吹风机四分之一的高速吹风机，这些产品的"有用功能"几乎相同，但价格却便宜得多。因此，在大多数消费者心中，徕芬等品牌后来者居上，其"理想度"高于戴森。

降成本，降的仅仅是经济成本吗？实际上，还存在其他成本，比如时间成本。

亚当·斯密在1776年出版的《国富论》中提到了一个例子：在一家工厂里，有一个男孩负责控制蒸汽机的某个阀门，但他为了外出玩耍，就在控制杆和机器不停运转的零件之间系了一根绳子，从而实现了机器的自动控制。这个小聪明促进了蒸汽机的重大进步，同时也说明了对于人类而言，节约人力，也就是节约时间，就是降低成本，可以提升方案和产品的"理想度"。

相反地，如果某项"好事"看似美好，但要花费大量精力和时间，让人觉得得不偿失，那么它的"理想度"就会下降。

举例来说，我们现在使用的电脑键盘被称为QWERTY键盘。键盘上字母的布局并非为了提高效率而精心设计的，而是源自一个"历史遗留问题"。最初，键盘是为了与机械打字机配合而设计的。如果按照字母顺序排列，当打字速度过快时，某些键的组合很容易导致卡键。因此，有人发明了QWERTY键盘，其思路是将最常用的几个字母放置在相反的方向上，以增大重复敲键的时间间隔。尽管后来机械打字机被淘汰了，但电脑仍然沿用了QWERTY键盘。后来有人发现，QWERTY键盘的布局并不科学，效率还有很大提升空间，因此开始研究另一种更合理的布局。

然而，一切都已经太晚了。人们已经习惯了这种布局，而且一些软件也是针对这种布局设计的。要改变这种习惯已经十分困难。因此，尽管存在比QWERTY键盘更合理布局的键盘，但真要大范围推广开来，会让整个社会付出巨大的时间成本，其"理想度"并不高。

理想度公式涉及三个因素，从原理上当然是尽量朝着趋利、避害、降成本，三个方面都能做到。

1973年，美国摩托罗拉公司发明了第一台手机DynaTAC 8000X，重约907克，在纽约街头进行测试，通话时间半小时，销售价格3995美元。而2023年的华为Mate60重209克，正常使用一两天是没有问题的，最低售价为5499元人民币。

通过比较这两个手机的"理想度"，我们可以看到它们之间的差距。在"有用功能"方面，华为Mate60代表的现代手机无论是通话质量、待机时间还是附加的摄影、互联网等功能，都远远超过了1973年的"老祖宗"。至于"有害功能"方面，这里没有明显的选项，暂不予讨论。在"COST"因素上，无论是生产厂家的成本还是消费者的购买成本，相比当年的数千美元来说，现代手机都堪称"白菜价"。这三个因素共同推动了"理想度"的提升，形成了一个堪称完美的进化。

然而，在更多的情况下，理想度公式的三个要素并不总是向我们期望的方向发展。例如，虽然"有用功能"提高了，但成本也随之上升。或者尽管"有用功能"下降了，但却带来了"有害功能"彻底消失等多种情况。这时，对"理想度"的评判要根据使用者的立场综合判断，没有完全统一的标准。

帆书创始人、原中央电视台节目主持人樊登在节目中提到了一个案例。一个发明人自信地向几个投资人介绍他研发的智能马桶，解决的问题是在使用马桶时避免溅起水花。樊登说，虽然发明人滔滔不绝地讲述了许多技术手段，但这个项目并没有得到投资人的青睐。实际上，在生活中，很多人会在使用马桶前事先朝里面丢一张纸巾，问题就迎刃而解了，根本不需要用到什么高科技。

虽然利用技术手段提高了马桶的"有用功能"，但其结构复杂，成本高昂。综合来看，对于用户来说，虽然省去了丢一张纸巾的动作，却需要付出巨大的成本，因此该方案的"理想度"

很低。

反面的例子也存在。某些产品看起来并不高档，但以极低的成本实现了用户所需的"有用功能"，仍然具有较高的"理想度"。被称为"老头乐"的低档电动车，曾在很多三四线城市以及农村地区风靡。从"理想度"的角度来看，与正规车辆相比，它们在"有用功能"方面表现得相当糟糕，如做工粗糙、配置简陋、行驶速度慢、空间狭窄等。而且存在很多"有害功能"，尤以安全方面的问题为甚。然而，它的价格便宜，且不需要驾照，对于一些用户来说，使用它的成本非常低，因此很好地满足了特定群体的需求。因此，在当时，这是一类具有较高"理想度"的产品。

第五章

高手要学会
"避坑"

泰戈尔的诗句中说——

"可能"问"不可能"道：

"你住在什么地方呢？"

它回答道："在那无能为力者的梦境中。"

可以从众但不可盲目

首先要强调的是，从众在大多数情况下并非坏事。

人类是社会性动物，从远古时代开始就必须依靠集体的力量与自然界各种威胁进行斗争，同时还需要共同狩猎获取食物。因此，人类需要时刻关注群体的动向，比如老虎来了，大家都在逃跑，我们肯定得马上跟着跑。此外，个体也需要遵守由群体形成的各种习惯，否则可能会被群体所排斥。从众是人类和其他许多生物的本能反应。从古至今，从众给个体带来安全感，这是从众的好处。

那么，从众的坏处是什么呢？

从众可能减少了我们发现新机会的可能性。因此，从更有效地解决问题的角度考虑，我们应该克服从众思维带来的弊端。

爱因斯坦曾经说过："跟随人群的人只能走到寻常之处，只有独立探索的人才有可能走到别人未曾到达的地方。"

举个例子，冬天来临时，有两个池塘结了冰。一个池塘上面有很多人在溜冰，而另一个池塘上却空无一人。你更倾向于选择哪一个池塘滑冰呢？大多数人可能会认为人多的池塘更安全，即使事实上另一个池塘的冰层更厚。这是人们心理上的自然反应。这与看到人多的餐馆就更倾向选择去那里吃饭的情况相似。因此，一些商家就利用了这种心理，花钱请人排队。近几年，"网红店"特别多，许多人跟风之后会发现其中一些所谓的"网红店"不过尔尔，甚至很糟糕。毫无疑问，从众心理在其中起到了推波助澜的作用。

美国社会心理学家所罗门·阿希在1951年进行了一项实验，阐述了从众心理的重要性。他邀请了史瓦兹摩尔学院的男性学生参加一个"视觉测试"，一共进行了18组实验，每组8人。这个测试很简单，阿希在参与者面前放置两张纸，一张上有一条竖线，另一张上则有带有A、B、C编号的三条平行竖线。参与者的任务是从A、B、C中选出一条与另一张纸上的线长度相同的线，并逐一报出答案。每组中只有一个真正的参与者，其他7人是阿希事先安排的工作人员，参与者被巧妙地安排在每组的最后一位，目的是让他在回答问题时受到压力。

在18组实验中，阿希安排了12组中的工作人员统一报出相同的错误答案，而另外6组的工作人员没有给参与者施加压力，让他们按照自己的想法回答。结果显示，在那12组中，当面对明显正确的答案时，75%的参与者至少有一次表现出从众的行为，而只有25%的人从未表现出从众的行为。另外6组中，则没有明显表现出从众行为的参与者。

实验结束后，阿希采访了这些参与者，询问他们从众行为的原因。尽管有些参与者表示自己确实选错了答案，但更多的参与者表示虽然知道那是错误的答案，但因为害怕被其他参与者认为奇怪或不合群，所以还是选择了和其他人一样的答案。由此可见，许多人选择遵从群体的决定是为了融入所在的环境，为此宁可选择掩饰他们内心真正认同的观点。

阿希的实验揭示了个人经常屈从于集体压力的社会意义，即使个人明白群体行为是错误的，这就是所谓的"集体压力效应"。

"集体压力效应"是可传递的，科学家曾经进行过一项实验。他们将四只猴子关在一个封闭的房间里，每天只给它们很少的食物，猴子们饿得吱吱叫。几天后，实验者通过房间上方的小洞放下一串香蕉，一只饿得头昏眼花的大猴子迅速冲上去，但还没等它拿到香蕉，就被预设的机关泼出的热水烫伤。当其他三只猴子依次爬过去想要拿香蕉时，它们也遭到了热水的烫伤。于是，所有的猴子只好望着香蕉叹息。

几天后，实验者将其中一只猴子替换掉，当新加入的猴子饿得也想尝试拿香蕉时，立刻被其他三只猴子制止。实验者再次替换了一只猴子进入房间，当这只猴子也想吃香蕉时，有趣的事情发生了：这一次不仅被烫伤的两只猴子制止它，甚至那只从未被烫伤的猴子也竭力阻止它。

实验持续进行，当所有猴子都被替换后，没有一只猴子有过烫伤的经历，热水机关也被取消了，香蕉唾手可得，然而，没有一只猴子敢前去享用。

这似乎也揭示了一个道理：虽然时时处处都特立独行会带来巨大风险，但若过于谨小慎微，不敢逾越界限，也将失去突破的机会。

蒙哥马利VS赵括

在战国时期，赵国名将赵奢的儿子赵括从小研习兵法，谈论起军事来，口若悬河、头头是道，连赵奢也不能驳倒他。然而，赵奢私下对赵括的母亲表达了他的担忧，他说："打仗是生死攸关的事情，虽然儿子熟读兵法，但没有实战经验，只会纸上谈兵。将来若是率军出征，恐怕会遭遇惨败。"

后来，秦国派出百万雄兵讨伐赵国。赵国命令大将廉颇率领四十万大军在长平阻击秦军。廉颇知道秦军人马众多，粮草运输困难，不利于久战。他命令赵军凭险固守，以迫使秦军不战而退。两军在长平相持了很长时间，秦军始终无法取得突破。于是，秦国派人到赵国散布流言，说秦军最怕的不是廉颇，而是赵括。赵王信以为真，立即任命赵括为将，代替廉颇。尽管蔺相如等人极力反对，但赵王坚持自己的决定。赵括到达前线后，改变了廉颇的布局，更换了将领，套用书本理论与秦军正面交锋，结果中了秦军的埋伏，赵军四十余万将士全部被俘并被坑杀。这场惨败让赵国元气大伤，同时也加速了秦国的统一进程。

书籍是人类总结和传递知识的重要工具，但正如谚语所说，"尽信书不如无书"。毕竟书是人写的，既可能有错误和不足之处，又可能与实际情况不符。赵括虽然是博学之士，但他的失败在于没有将知识与实践结合起来。

与赵括相反，英国元帅蒙哥马利认为："在作战中，指挥艺术在于懂得没有一个情况是相同的。每个情况必须当作一个全新的问题来研究，给出全新的答案。"蒙哥马利是二战期间盟军最杰出的将领之一，以成功指挥敦刻尔克大撤退而闻名于世。他在第二次阿拉曼战役、西西里岛登陆和诺曼底登陆等战役中指挥有方，被认为是出色的军事家。

赵括和蒙哥马利的案例说明了，书籍可以增加人们的知识，但如果不能将这些知识结合实际情况加以灵活应用，它们也可能成为阻碍进步和成功的束缚。更何况，书籍本身也可能存在错误。乔治·伯纳德·肖曾说："读书使人迂腐"，想来这句话指的应该就是那些只知道机械地奉行理论而不能在实践中解决问题的人。

尊重权威但不迷信

权威可以分为"权"和"威"两个部分。其中,"权"代表着权力,通常是由于等级、职位等因素产生的一种让人服从的压力。而"威"则指的是威望,是一种由声望和影响力产生的地位。在群体和社会中,权威通常具备较大的话语权,能对普通人产生较大的影响力。

然而,在人类的发展历程中,我们也见证了许多权威"翻车"的案例。

人类能制造铁鸟飞上天吗?

能量守恒定律发现者之一、德国著名物理学家赫尔曼·冯·亥姆霍兹认为,让机械装置飞上天纯属空想。法国著名天文学家勒让德也认为要制造一种比空气重的装置实现飞行是不可能的。

他们的观点被美国的莱特兄弟所推翻,莱特兄弟没有受到权威观点的束缚,通过大量的实践和尝试成功地实现了人类首次有动力载人飞行。

类似这样的案例在其他领域也有出现。比如,戴森在研发双气旋式吸尘器时,专家告诉他现有工艺只能做到20微米的灰尘分离,而他的目标是0.3微米。然而,戴森并没有灰心,他发现专家的估算过于保守,并通过不断的实践证明了自己的观点。

由此可见，对待权威的观点，我们应该尊重其专业知识，但同时也要保持质疑的态度。我们应该问自己，他们说的是真的吗？我们能否进行验证或突破？

法国心理学家约翰·法伯曾做过一个著名的实验——"毛毛虫实验"。法伯将毛毛虫放在花盆边缘，首尾相连，围成一圈，并在周围撒下它们喜欢吃的食物。由于毛毛虫的跟随本能，它们一直在花盆边缘绕圈走，不断重复，最终因饥饿和精疲力竭而相继死去。

对这个实验，其真实性是有待商榷的，但很多文章都直接引用，人们试图通过这个案例来解释从众心理，却没人关心故事的准确性和科学性。而吊诡的是，对这个案例的盲目引用似乎本身就是一种毛毛虫效应。

在我们的工作和生活中，权威的影响无处不在。在公司中，很多普通员工不愿或不敢质疑领导或专家的意见。很多领导或专家也不愿意接纳新的想法或意见，经常用"照我说的做"或"别问那么多"等口头禅来否定其他观点，这导致许多新的思路和举措无法实现，员工也不再有提出新想法的意愿。

在我们的生活中，许多人也容易盲目信奉权威，例如我们经常会在微信群中看到疯狂转发的某医学专家祖传保健秘方之类的文章。然而，这些所谓的专家往往查无此人，或者他们的言论只是一家之言。因此，我们应在对待权威言论时保持谨慎，并对其真实性进行质疑。

另一方面，我们挑战权威后，也需要警惕自己是否会成为权威的一部分。爱因斯坦就曾经诙谐地说："为了惩罚我对权威的蔑视，命运让我自己成了权威。"这又引发了新的思考：如果我们成为某个领域的权威，我们是否敢于挑战自己，或允许别人对我们提出挑战？

拒绝 "标签化"

"标签"是用于给物品进行某种特征描述或分类识别的标记，帮助人们更好地理解和认知事物。广义上说，标签已经从实物延伸到了人们对外界事物的看法了。

小孩子在看电影或电视时，经常会问："这个人是'坏人'还是'好人'？"这便是一种"打标签"的行为，试图通过分类来快速建立自己的认知和态度。成年人也有类似的标签化思维，在生活中的具体表现也很多，例如：

"你看，前面那辆车开得那么差，肯定是个女司机！"

"少与他来往，他是××省的人，都是些骗子。"

这些带有强烈个人情感和主观臆断的观点是非常典型的偏见。有人说，偏见的形成自有其原因。没错，偏见有时候确实有其现实根源，例如某个地区的人喜欢吃辣，但这并不代表该地区所有人都喜欢吃辣。偏见是一种需要消除的标签化思维，这种绝对化的画等号思维容易导致误判，降低寻找正确解决方案的可能性。

标签化思维的问题在于经常用个别情况代替整体情况，用表面特征代替本质特征，以描述代替实质。

中国台湾地区著名剧作家、导演赖声川曾说："我们要培养看见事物原貌的能力，尽量延缓贴标签的时间"，这就是改变

"如何看"的核心办法。如果在看待日常事物的过程中刻意地培养去标签的能力，我们就能够剥离更复杂事物的标签，比如人际关系、组织，甚至是概念本身。当我们心中没有偏见时，生活就变得无限开放。当我们没有偏见时，事物内在的所有可能性都会显现，任何事物都能与其他事物自然地联系起来，我们便能自然而然地产生创意。

毕加索孜孜不倦地探索立体主义，曾言："我要引导人们的思维走向未曾熟悉的方向，唤醒他们。我要帮助人们发现若没有我，他们将无法发现的事物。"这彰显了他在艺术上努力帮助人们摆脱头脑中的各种"标签"。

《纽约客》封面设计师克里斯托弗·尼曼在创作中常以日常物品为基础，他的方法先是选择一个常见的物品，然后长时间凝视，直到某个奇怪的角度让他产生灵感，他会马上勾勒几笔，赋予物品新的意义。这种把熟悉事物"陌生化"的过程，实质上也是一个去除标签的过程。

苏轼曾在杭州做通判，年节前同僚都回家过年，而他却要值班，负责清点在押犯人。当看着这些犯人一个个从堂下走过，苏轼想到自己，不禁百感交集，于是写下《题狱壁》一诗："小人营糇粮，堕网不知羞。我亦恋薄禄，因循失归休。不须论贤愚，均是为食谋。"苏轼透过"犯人""判官"的身份标签，体会到了彼此境遇的某些共性。

比利时超现实主义画家玛格丽特创作了一幅描绘老式烟斗的画作，底部附有一句话："这不是烟斗"。这引发了观者的深思，实际上，画家想表达的意思是：你看到的只是一幅烟斗的图像，而不是烟斗本身。

我们的大脑从外界接收信息，形成看法，这并非客观事物的本身，换句话说，我们的大脑神经元通过各种"框架"处理了接收到的信息，处理完之后，信息还是原先的信息吗？烟斗还是原先的烟斗吗？这值得我们深思。

破除"不可能"的魔咒

泰戈尔的诗句中说——

"可能"问"不可能"道:"你住在什么地方呢?"

它回答道:"在那无能为力者的梦境中。"

我们任何人都曾经说过,"这不可能!"而如果你要成为问题解决高手,请学会尽量屏蔽"不可能"三个字,哪怕你内心已经迸发出这个想法,也请先管好自己的嘴!

物理学家费曼对不可能的看法是:"哇,这里有令人惊叹的事物,它与我们通常所期望的事实相矛盾,值得我们去了解!"

让我们随便找几件被称为"不可能"的事情:

1899年,美国专利局局长建议关闭专利局,他认为所有可以被发明的东西都已经被发明了,不可能再有什么新发明。

20世纪初,莱特兄弟实验飞行成功,《工程杂志》发表文章说:"我们根本不认为它会成为商用交通工具。"

1923年,知名物理学家和诺贝尔奖得主罗伯特说:"人类不可能掌握原子能"。

2007年,某业界大咖曾经和马云对话,说网上购物不可能普及。

历史上曾经有不少论述,都被后来的现实打脸,这就是因为当时的人们在判断未来世界的发展时,太过于保守。在企业的经营中，因为保守地认为这不可能、那不可能而错失良机的案例也数不胜数。

计算机刚被发明的时候，很多人认为计算机是给科学研究用的，不可能有商业用途，于是给了IBM机会，而后来，IBM又保守地认为，个人电脑市场未来不可能有发展前景，于是又给了苹果公司机会。

采取保守思维模式的人往往想要维持现状或对未来的发展估计不足。虽然保守有助于降低风险，但同时也会丧失许多机遇。很多事情未必是因为看见，所以相信，而是因为相信，所以看见。

很多时候，"不可能"实际上只是一层窗户纸，一旦捅破了这层窗户纸，往往能取得惊人的成就。

在人类田径史上，曾有一个叫作"四分钟魔咒"的现象。1945年，冈德·哈格以四分零一秒四的佳绩跑完一英里，创造了空前的纪录，人们认为这是人类能达到的最好成绩了。生物学家更是认为四分钟跑完一英里已经超出了人类的生理极限了，因此当时的人们都认为这个"四分钟魔咒"不可能被打破。

接下来的几年里，冈德·哈格的纪录没有再被刷新，于是越来越多的人相信"四分钟魔咒"是真的不可能打破的。但是英国选手罗杰·班尼斯特一直以破除魔咒为目标来激励自己。1954年5月，他终于以三分五十九秒四跑完一英里，举世震惊！之后不久，另一位英国选手约翰·兰迪又以三分五十八秒的成绩再次刷新纪录。接下来的一年，突破四分钟的选手数量高达37人，再过一年，这一数字超过了300。

《基业长青》《从优秀到卓越》的作者柯林斯在青少年时期喜欢攀岩运动，他从攀岩的历史中也发现了类似的现象：凡是被某一代攀岩人认为"不可能成功"的路线，通常都极具挑战性。不过，一旦有人突破了它，这条路线仿佛就变得不那么难了，后续的成功者会越来越多。

这些例子表明，在很多情况下，只要克服了"不可能"的心理障碍，成功就更容易实现。打破"不可能"的魔咒，就是从自己的字典中抹去"不可能"这三个字。对于每个人来说，我们的一生中肯定会遇到无数个"不可能"。但是，如果我们有"明知山有虎偏向虎山行"的勇气和"虽千万人吾往矣"的果断，就有机会将"不可能"变成"可能"。

亨利·福特甚至说过："我拒绝承认不可能性的存在。我没有发现这世界上有任何人对任何事情知道得足够多，因而可以明确地说什么是可能，什么是不可能。"

在生活中，我们可以通过一些细微的事情训练自己，敢于挑战"不可能"的思维方式，常常能够获得一些惊喜的回报。

举个例子，2023年夏天，笔者带着儿子去广西自驾游。途中，离开南宁几天后，发现儿子的儿童手表不见了。根据以往的经验，如果在酒店丢失，工作人员通常会及时联系客人。然而，这么长时间过去了，酒店却没有打过电话，抱着"试一试"的心态，笔者还是联系了，对方答应去问问，但之后的十多天里没有任何消息。这加深了笔者认为手表已经不可能找回来的想法。但又抱着最后一丝希望，万一是对方忘记了呢？于是再次致电。这一次遇到了另外一名工作人员，回复很快，说是找到了！

　　还是在这次旅程中，笔者在某地一家餐厅吃饭时，看到这家餐厅在团购软件上推出了一款优惠套餐，但是生效日期是三天后。很多人在这种情况下可能会选择放弃，因为生效日期写得很明确。但笔者想，店家推出优惠就是为了吸引客人消费，而今天和三天后并没有原则上的区别。于是笔者试着询问了一下服务员，能否使用优惠，回答说可以，直接下单即可！就这样，"不可能"的事情又被实现了。

　　这些生活小事看似微不足道，但蕴含了普遍适用的道理。面对许多问题时，我们首先会有一种"不太可能"的第一感觉，内心涌现出许多"这不可能，因为……"的想法。这时，我们需要用理性驾驭直觉，将脑海中的想法扭转成"只要……就能……"，或许就能更进一步找到问题的解决方案。

　　很多想法就是通过试错而得出的，很多目标也是通过坚持不懈而实现的。

不要迷失于"路径依赖"

美国航天飞机的火箭与马的屁股之间有何关联？据说，曾经美国火箭推进器的生产工厂与发射地点不在同一个州，因此这些推进器需要通过火车从工厂运输到发射点。由于要穿过一些隧道，推进器的宽度受到了隧道宽度的限制，而这些隧道的宽度取决于铁路轨道的标准距离（约为1.48米）。这个标准源自英国，因为最早设计美国铁路的是英国人，而英国的铁路标准又是受电车轨道标准的影响，再往前溯源，电车轨道的标准又源自马车的轨道宽度。马车的轨道宽度受限于古代罗马人所铺设的道路，而这些道路的宽度正是古罗马战车两匹马并排时其屁股宽度的总和，约为1.48米。

这个故事展示了路径依赖的概念。路径依赖指的是人类社会中技术选择的惯性，一旦选择了某条路径，无论其好坏，都可能对该路径产生依赖。这种依赖就像是一种惯性，使人们难以轻易摆脱。深陷于路径依赖中的人们，常常会在条件已经变化的情况下仍然坚持旧有的做法，这一点需要引起我们的警惕。

另一个故事是关于一位法国炮兵团长的，他发现每次视察演习时总有一名士兵始终站在大炮旁边不动。团长以前不是炮兵，就问旁边的军官，军官也回答不出个所以然，只是说一直就是这样，军事教科书上历来也都是这么规定的。团长对此颇为不解，经过调查才知道，原先的大炮需要用马车牵引，一名士兵专门站在大炮边负责拉马，防止其受惊，以及必要时去牵马调整大炮位置。但后来大炮完全改成了机械化操作，不再需要马匹，教科书却没有做出相应修改，结果就出现了总有一名士兵站在大炮边的滑稽现象。

最后一个例子是关于一位外国家庭主妇的，她每次在将火腿放进烤箱的时候，总会切下其中一部分。她的孩子就问为什么，主妇说她很小的时候，自己的妈妈就是这样做的。后来孩子就去问外婆为什么，才知道以前的烤箱太小，放不进整个火腿，所以不得已将火腿切下一部分。可笑的是，这个习惯就这样不知不觉传到了下一代。

我们不妨想一想，在工作和生活中存在的旧习惯和那些看似"自然"但实际上已经过时的事物，是否需要改变或淘汰。

直觉是个"两面派"

直觉是大脑受到外界信息刺激后立即产生的一种反应。这种反应形成的预感是不经过思考推理的结果，是一种无法明确解释其缘由的解决路径。其本质在于基于经验，大脑对思维过程进行简化、压缩和超越，从而迅速得出事物规律或问题答案的一种闪电式顿悟。

心理学家加里·克莱因曾分享了一个故事：一支消防队进入一座着火的房屋，他们开始用水管浇水灭火，但指挥官突然喊道："全部撤离！"尽管指挥官自己也不知道为什么突然下达这个指令，但等消防员们迅速撤离之后，厨房的地板突然坍塌了。这时候指挥官才回想起当时自己曾意识到这场火并不大，但耳朵却感到异常灼热。可能这就是对危险的第六感吧。

爱因斯坦曾说过："真正可贵的是直觉""要发现复杂的科学规律，没有逻辑方法，只有用直觉，直觉能感受到表象背后的规则"。丹麦物理学家玻恩也提到，"实验物理的全部伟大发现都是来源于一些人的直觉。"《第三次浪潮》的作者阿尔涅·托夫勒则认为，"人人都要有预感，换个文雅的词就是直觉"。

在依赖直觉时，我们不要过分强调"三思而后行"，不要强调对与错，而应让更多的想法不断涌现。在直觉刚刚出现时，它是一股细流，如果过于强调逻辑判断，可能会阻碍潜意识的涌现。

直觉建立在有限的经验基础上，不可避免地带有某种或然性和猜测性，甚至有可能是错误的。因此，我们既要重视直觉所带来的积极作用，也要注意克服其缺陷。

除了在紧急情况下无法深入思考外，对于直觉得出的猜测，应进一步通过实践来验证其正确性。因为很多时候，我们的直觉会导致错误的结果。

直觉可以分为生理直觉和经验直觉两种。生理直觉是人类个体天生具备的，潜藏着共性的心理特征。例如，大多数人看到两道弧线时的第一感觉是下面的要更长一些。又例如，许多人在第一次见到蛇时会感到恐惧，这很可能是因为我们的祖先将与蛇有关的恐惧经验编码在了遗传信息中。

经验直觉则通常是个体经验的积累导致快速反应的心理特征。举例来说，许多从事反扒、缉私、缉毒工作的警察，由于长期与犯罪分子直接接触，能够凭直觉发现可疑人员和犯罪线索，但往往无法具体解释缘由。

在许多紧急情况下，直觉可能是唯一的解决办法，尤其是在没有其他确凿依据时。然而，我们必须认识到，直觉并不总是正确的，对此我们要有充分的认识，否则就是刚愎自用了。

一张 A4 纸折叠 50 次之后（如果能折叠得动的话），有多高？

大多数人鼓起勇气猜测，也只会说桌子那么高，或者一层楼高，而答案却是一个天文数字。每次对折，纸的厚度都会加倍，因此对折 50 次后的厚度是 2 的 50 次方倍。普通 A4 打印纸厚度大约是0.1 mm，那么乘以2的50次方等于多少？大家可以算一算。

　　总的来说，直觉可以为我们迅速提供一个参考答案，但是否正确，还需要经过后续的验证。

第六章

问题解决高手
的自我修炼

诺贝尔奖获得者，DNA发现者之一詹姆斯. 沃森
在1992年写道："大脑是最新、最伟大的生物前沿领
域，是我们在宇宙中发现的最复杂的东西。"

你也是"亿万富翁"

无论你是富可敌国，还是一贫如洗，大脑永远是你的核心资产，因为它代表着你的存在意义，更是解决一切问题的物质基础。

许多肢体残疾的人依然能够自力更生，甚至在某些领域取得比普通人更大的成就。为什么？因为只要他们拥有健全的大脑，就能够驱动自己解决各种问题。即使在极端情况下，即使身体瘫痪，大脑正常的人在其他人员或工具的帮助下仍然能够发挥作用。例如，著名的理论物理学家、宇宙学家和科学思想家斯蒂芬·威廉·霍金于1963年被诊断患有肌肉萎缩性侧索硬化症，从青年时期开始就被禁锢在轮椅上，历时长达半个世纪之久。尽管身体完全瘫痪，他仍能依靠大脑进行思考，为人类的科学做出卓越贡献。

相反，大脑受到损伤的人在思考能力上会受到各种负面影响。最极端的情况便是植物人，他们生活尚且无法自理，更谈不上自行解决任何问题了。

因此，我们普通人不应认为自己平凡。我们应该庆幸拥有健全的四肢，更应该庆幸拥有一个正常的大脑——这是我们能成为问题解决高手的最大资本。

诺贝尔奖得主、DNA发现者之一詹姆斯·沃森在1992年写道："大脑是最新、最伟大的生物前沿领域，是我们在宇宙中发现的最复杂的东西。"

尽管脑科学仍在不断发展中，但人类对大脑原理的研究仍处于相对初级的阶段。大脑中包含大约860亿个神经元，这些神经元之间有着约10的14次方个连接，我们的思考就在这个庞大的网络中运行。从这个意义上说，每个人都是"亿万富翁"。

人的大脑在重量、结构和神经元数量等方面基本相似，每个人的智商也大致相同。尽管有一定比例的天才，在某些领域拥有超群的能力，但这只是少数。而一个人的创造力实际上与智商没有必然的因果关系。传统意义上的聪明并不意味着解决问题的能力强，同样，一些普通甚至愚钝的人都有可能具有卓越的创造力。

爱因斯坦四岁才学会说话。上学后，老师给他的评语是"脑筋迟钝、不善交际、毫无长处"。勉强上了高中以后，还因为成绩差而差点被开除学籍。

1921年，美国心理学家推孟开启了一项对高智商儿童的跟踪研究项目。他筛选了一批在智商水平测试中获得高分的儿童，对他们进行了长达35年的跟踪调查。后来发现，这批高智商儿童中的确有很多人长大后取得了学术上的成果，例如发表论文、出版专著等。然而，有意思的是，当时威廉·肖克利也参加了智商测试，但没有被选中，肖克利后来拿到了哈佛大学的博士学位，加入了贝尔实验室，并且作为晶体管的发明人之一获得了1970年的诺贝尔物理学奖。另外一个在该项智商测试中没有获得高分的儿童是路易斯·阿尔瓦雷茨，他后来也获得了诺贝尔物理学奖。而推孟筛选出的高智商儿童，却没有一个人取得如此高的成就。

美国心理学家、被誉为"创造力之父"的保罗·托兰斯通过研究发现，在所有高创造力的人群中，70%的人智商测试得分低于135分。

因此，如果大家觉得自己智力平平，千万不要气馁，因为我们能否取得成就以及能否成为问题解决高手，完全取决于我们的努力和方法是否正确。甚至，一部分大脑存在缺陷、脑部受过损伤，或者患有一些精神疾病的人，同样也可以具有创造力，甚至在某些方面强于普通人。无论是青少年还是成年人，都可以通过学习和训练提高解决问题的能力。关于大脑神经可塑性理论的研究发现，大脑并不像人们以前认为的那样，成年后就固定不变了，实际上，大脑和肌肉一样，存在"用进废退"的现象。大脑的功能与神经元之间的连接密切相关。每一个神经元就像章鱼一样，有很多突触。人主动作出的思考和行为都可以刺激相关的神经元，从而加强这些神经元的突触，这就是我们常说的"用进废退"。也就是说，经常给予特定的神经刺激，就可以一定程度上重塑大脑，提高解决问题的能力。

大卫·凯利是苹果公司第一款鼠标的设计者，也是著名设计公司IDEO的创始人之一。他与自己的亲兄弟汤姆·凯利合著了《创新自信力》。其中提到："创新能力并非少数幸运儿的天赋异禀，它是人类思想与行为的天然组成部分。很多人的这一天赋受到了阻塞，但可以被疏通。释放创意的火花，对你自身、你所在的机构和社区都具有深远的影响。"

只要愿意，人人都可以创新，成为问题解决高手！

好奇心是思维的肥料

无论是发现问题还是寻找问题的答案，好奇心都能够提供更多可能性。在好奇心的驱使下，一个人能够拓展自己的认知边界。

好奇心是人与生俱来的。 从我们来到这个世界的那一刻起，我们就对外界充满了好奇。婴儿常常会睁大眼睛，兴奋而新奇地观察周围的一切，这种眼神相信大家都有深刻的印象。而且，婴儿还会用他们的手、嘴等感觉器官去抓、咬，去体验和了解周围的世界。这充分展示了好奇心是人类的本能。

然而，随着年龄的增长，世界变得越来越熟悉，周围的一切变得越来越符合逻辑，因此我们对世界的好奇心逐渐减弱。而且，好奇心是强还是弱，人与人之间也存在差异。我们发现，只有那些保持强烈好奇心的人才更有可能积极地改变世界。

列奥纳多·达·芬奇是文艺复兴时期的代表人物，他以他的综合才能在机械、军事、医学、地质、植物学等多个领域做出了深入研究和卓越贡献。

通过多部传记，我们可以发现，他的生命如此光彩夺目的原因之一就是他具有强烈的好奇心，这使得他不断地发现问题并尝试解决问题。他的很多故事和成就都与好奇心有关。

例如，小时候，列奥纳多·达·芬奇在佛罗伦萨附近徒步旅行时，来到了一个巨大的山洞口，他出于好奇想要进去一探究竟。尽管黑暗和未知让他充满了恐怖，但是好奇心最终战胜了恐惧，他进洞探索后发现了鲸鱼的化石。

此外，很少有人知道，列奥纳多·达·芬奇曾经解剖过许多人类尸体。最初，他这么做是为了更好地表现艺术效果，后来纯粹是为了了解人类本身。在当时的条件下，尸体无法很好地保存，他的解剖工作常常要一直进行到尸体完全腐烂。想象一下，这位艺术家在一间充满尸体腐烂气味的地下室里，每天晚上专注地进行细致的解剖和研究，这个情景可能让普通人感到毛骨悚然，但是他却"兴致盎然"。是什么给了他如此的坦然和勇气？没有别的，就是他的好奇心！

据说，列奥纳多·达·芬奇在去世之前还想要弄清楚一件事，那就是啄木鸟的舌头到底是什么样的。显然，好奇心是成就列奥纳多·达·芬奇一生奇迹的伟大伴侣。

不仅仅是列奥纳多·达·芬奇，几乎所有取得重大成就的人，他们发现问题和解决问题的驱动力中都离不开好奇心。正如爱因斯坦所说："我没有特殊的天赋，我只是极度好奇。"他还说："不要停止发问，好奇心自有它存在的道理。当一个人思考永恒、生命以及世间万物的奥秘时，他会不由自主地产生敬畏之情。如果一个人每天去理解一点点奥秘，就已足够了。"

结构生物学家颜宁也公开表示，她的研究热情来自于最本真的好奇心。她说："你不想知道月球表面或者海底是什么样吗？同样，我想知道支撑一切生命活动的这些生物分子是什么样的，更想进一步看看它们是如何组装起来完成包括呼吸、心跳、思考、做梦、生老病死等各种生命功能的。"

对于企业家来说，好奇心能够成为发现新的市场机会的关键因素。2007年，80后企业家彭斌出于对航模的热爱，创办了名为XAIRCRAFT的公司，开始尝试生产无人机。最初几年，该公司尝试了各种无人机应用，包括航拍、科考、巡检、搜救、物流等，并同时开发了飞行控制系统。然而，2013年，彭斌发现一个有趣的现象：一家新疆公司大量购买了他们的飞行控制系统，却并未购买无人机。这引发了彭斌的好奇心，想要了解这个客户的真实需求。他与合伙人亲自前往新疆调查，发现该公司将他们的飞行控制系统用于农业植保无人机的组装。这一发现启发了彭斌，决定将业务转向农业植保无人机，并在帮助新疆机械采棉中取得了巨大成功。2014年，XAIRCRAFT正式更名为极飞科技，专注于农业无人机的研发与制造。

没有好奇心的驱使，极飞科技可能就无法实现后来的业务聚焦和快速发展。好奇心的体现也有不同层次，有些人只满足于探索表面信息，而有些人则更愿意深入地了解事物背后的原因和背景。

美籍犹太裔物理学家、诺贝尔物理奖获得者费曼小时候和一些小朋友在一起观察鸟类，一个小朋友问他："你瞧见那只鸟了吗？你知道它是什么鸟吗？"费曼说："我不知道它叫什么。"那个小朋友说："那是只黑颈鸫呀！你爸怎么什么都没教你呢？"

知道一只鸟叫什么，当然是不错的，但对于好奇心来说，这远远不够。费曼的爸爸告诉费曼的远不止鸟的种类。

"那是只斯氏鸣禽。在意大利，人们把它叫作'查图拉波替达'，葡萄牙人叫它'彭达皮达'，中国人叫它'春兰鹈'，日本人叫它'卡塔诺·特克达'。你可以知道所有的语言是怎么叫这种鸟的，但这样你也仅仅是知道了世界不同地区的人怎么称呼这只鸟罢了。"随后，费曼的爸爸耐心地为费曼介绍了很多关于这种鸟的生活习性，并告诉他知道这只鸟在做什么才是真正重要的。

"知道一个东西的名字"和"真正懂得一个东西"是有很大区别的。在我们的教育中，只知道是什么所占的比例特别高，但如果我们激发自己更多的好奇心，就应该去了解表面描述背后的那些内容。对于我们每一个人来说，好奇心可以让我们的生活更加多姿多彩，也能让我们在工作中捕获更多的机会。

齐普·康利在《情感方程式》中指出，好奇心是思维的肥料，对于保持活力和积极的情感至关重要。未来属于那些有好奇心的人，因为好奇心激发了我们的想象力，使我们生活更加充实，勇于解决问题，创造美好的新世界。

多和"陌生人"说话

据一位人力资源专家称，许多公司在招聘员工时，面试官常常会倾向于招募与自己在各方面相似的人。然而，专家警告称，虽然这种招聘表面上看起来似乎是一种双赢的局面，但对企业的长期发展来说未必是有益的。因为老领导和新员工若过于相似，团队可能会呈现同质化的状态，这对形成互补性不利。

人类天性中存在一种心理倾向，即希望与自己相似的人交往，同时避免与不同的人接触。心理学家将这种现象称为"同性相吸效应"，这里的"同性"指的是性情上的相似，而非性别上的相同。中国的俗语"物以类聚，人以群分"描述的也是类似的情况。

总是与自己相似的人交往可能导致交流陷入"了无新意"的境地，从而形成一种"社交陷阱"。若想要超越自我，并提高问题解决能力，则需要适时地跳出同质化的陷阱。

在企业中，真正有远见的领导应该敢于了解、考察并接纳那些在能力、个性等方面与自己不同的人。通过这种多元化的团队组建，可以形成互补性，从而提升团队的活力。著名的设计公司IDEO 就非常注重将不同背景和个性的员工组合在一起，以激发创意。

《天才为何总是成群地来》的作者王汎森先生指出，在19世纪至20世纪的西方，在谈论中激发出火花的例子不胜枚举。作为19世纪欧洲的思想之都，维也纳成为了"天才成群地来"的地方，众多咖啡馆成为杰出人士的聚集之地，人们热衷于在这里交流学问和思想，相互促进。当时的维也纳小咖啡馆允许顾客一杯咖啡坐一天，甚至可以寄信或存放晚礼服。

欧洲的咖啡馆见证了无数思想的碰撞和交流。据说，在剑桥大学，每天下午都会有两个小时的时间，有计划、有组织地安排不同学科的权威教授们聚在一起喝咖啡或喝茶。在这个非正式的聚会上，教授们可以尽情阐述自己的研究领域和方法，相互学习和启发，许多跨学科的学术思想和成果便从中产生。

弗雷德里克·桑格教授是生物学史上的传奇人物，他一个人解决了现代生物学的两大难题：如何确定蛋白质的序列和DNA（脱氧核糖核酸）的序列。在测定DNA序列的过程中，他绞尽脑汁，百思不得其解，于是在下午茶时间向其他系的科学家求助。

一位物理系教授向他建议："为何不用物理的方法来测定核酸结构？"这时化学系的教授建议使用"荧光染色"，生物系的同行则建议使用革兰氏染色来测序。在这些"门外汉"的启发下，桑格的思路逐渐清晰起来，实验设计也随之产生。经过一年多的努力，桑格第二次获得了诺贝尔化学奖！有人说，剑桥大学几十个诺贝尔奖都是在喝咖啡交流中产生的。

咖啡成为各种立场、观点和知识碰撞的载体，不无道理。因此，任正非先生也拿咖啡来"说事"，鼓励华为员工喝咖啡，强调公司要开放，员工要在交流中增长见识。在2021年8月，任正非在公司内部再次提到："主动去与跨界的人喝咖啡，多喝咖啡，你不就能吸收他的思想了吗？这会对你的研究成果产生贡献。希望大家要多交流，一杯咖啡吸收宇宙能量。与合作伙伴一起取得胜利，换来粮食，才能爬'喜马拉雅'。"

回顾历史上那些思想成果活跃的时期，我们更能理解不同人群交流所带来的益处。

在 15 世纪，意大利的美第奇家族是佛罗伦萨的银行世家。他们资助了许多涉及不同学科和领域的创造性人才，包括科学家、诗人、哲学家、金融家、画家、雕塑家和建筑师。这些各个领域的人才齐聚于佛罗伦萨，打破了不同学科和不同文化之间的隔阂，使彼此有机会相互了解和学习。这种交流激发了无数伟大人物，他们的思想和作品以开创性而被世人铭记。这种各类思想、各门学科互相交流、碰撞、融合而产生新的思想和成果的现象，后来被称为"美第奇现象"或"美第奇效应"。

在比文艺复兴早了 2000 多年的中国，就存在类似的社会现象。彼时，中国正处在春秋战国时期，孔子、孟子、老子、庄子、墨子、荀子、韩非子等一大批思想家涌现出来。这些被称为诸子百家的不同学派和思想交错碰撞，既彼此批评博弈，又相互吸收交融，形成了为后世所称道的"百家争鸣"，在中国古代思想史上写下了最为辉煌的篇章。

谁说"道不同不相为谋"？其实，恰恰是因为道不同，我们更需要相互谋划！"物以类聚，人以群分"的理念已经不合时宜了。风马牛不相及的事物之间需要融合，格格不入的人之间也不必老死不相往来。我们应该打破自己的习惯，敢于并乐于接纳与我们不同的人，从他们身上了解我们所不熟悉的知识和观点。这样的交流能够拓宽我们的眼界，促进思想的创新和成果的孕育。

视觉化提高大脑效率

著名心理医生曾奇峰说："就意识化的效果而言，图像高于语言，因为语言过于抽象；图像也高于行为，因为行为过于具体。图像集语言和行为二者之优点，使意识更加清晰。"

当我们双手托着腮帮冥思苦想，想要找到问题的解决方案，却一筹莫展时。有什么办法能够激活我们的思维呢？借助视觉化的方式来思考便是有效方法之一。

列奥纳多·达·芬奇作为意大利文艺复兴的三大代表之一，是众所周知的多领域"问题解决高手"。著名传记作者沃尔特·艾萨克森在其所著的《列奥纳多·达·芬奇传》中，通过对其一生经历的记录和分析，总结了他具有非凡能力的重要原因之一便是视觉化思考。作者认为："列奥纳多·达·芬奇并没有被上天赋予运用数学方程式或抽象概念的能力，所以他在研究各种比例、透视法则、凹面镜反光的计算方法及等积变换时，都将其视觉化。我们学习一个公式或法则甚至简单到乘法或颜色混合的法则时，已经很少再用视觉化的方式来理解了，于是，我们无法欣赏到自然规律背后之美。"

列奥纳多·达·芬奇一生中有无数的手稿，目前留存下来的大约有5000页。在这些手稿中，除了文字，还有大量的素描，其内容涵盖了医学、地理、建筑、美术、动植物、机械等多个学科和领域。这些手稿充满了神秘感，一些图画和文字让人难以真正理解作者当时的意图。但透过这些手稿，我们能感受到这位伟大人物是如何通过在纸上涂涂画画而让奇思妙想源源不断地涌入大脑的，又是如何让思想的火花不停闪现和放大的。

查尔斯·罗伯特·达尔文是进化论的奠基人。他出版了《物种起源》，提出了生物进化论学说，从而摧毁了各种唯心的神造论以及物种不变论。除了生物学外，他的理论对人类学、心理学、哲学的发展都有不容忽视的影响。在达尔文的笔记中，经常出现不规则的树形图，他用这些图形帮助自己思考大自然中任何有关进化的规律，以及一些看上去不相关的信息，都通过各种树形图得到了梳理，这些图形也引导他深入思考未知的领域。从达尔文做出第一个树形图开始，15个月后他就解决了进化论中的所有重大问题。

爱因斯坦在思考问题的时候，也常常从视觉和空间的角度去思考。他认为书写的文字和数字并没有在他的思维过程中起过多少作用，他在与友人的信中说，用文字去解释他的理论是很困难的，因为他一直用图解的方式进行思考。他曾经说过："我思维的主要部分，是形成某些符号或清晰度不高的图像，可以随心所欲地再现组合……这些要素是视觉上的，传统的文字只居于次要地位。"

视觉化思考的实施方法有很多。最简单的就是在思考问题的时候，拿着笔在纸上随便涂涂画画，就像列奥纳多·达·芬奇那样。当然，现在也有更加系统的方法，比如思维导图、鱼骨图等。

尤其是思维导图，已经成为现代人进行思考的常用工具了。它是一种有效的图形思维工具，可以帮助表达发散性思维。思维导图将各级主题的关系用相关的层级图表现出来，通过主题关键词、图像和颜色等建立记忆链接。从思考的角度来看，思维导图有几个明显的好处：

有助于将已有的信息进行分类。按照思维导图的要求，我们将各种想法在一张纸上表达出来，这迫使我们对所有的信息进行分类，使信息有条理。

有助于思维的发散。思维导图采用树状的扩散结构，分支下有不同级别的更小的分支，我们的想法可以在各个分类下扩散，产生许多新的思路。

有助于产生联想。联想可以是相关联想或自由联想。相关联想基于我们讨论的主题或关键词，具有明显的逻辑关系；而自由联想则是跳跃性和随机性的联想。当我们使用思维导图时，可以促进这两种类型的联想。

除了图形，色彩也是视觉化思考的重要因素。色彩对人类身心有着非常重要的影响，不同的色彩不仅能帮助我们辨认事物，还能给我们带来不同的情感体验。《色彩的影响》的作者珍·怀特认为，使用色彩可以提高理解力和记忆力，并缩短信息搜索时间。因此，在思维导图中运用色彩可以大大提高我们处理信息和思考问题的效率。

灵感可遇还可求

说到灵感，很多人马上就会联想到亚里士多德研究皇冠的真伪鉴定时，在澡盆里突然得到启示而欣喜若狂地跑到街上"裸奔"的故事。其实，中国宋代文人辛弃疾的诗句"众里寻他千百度，蓦然回首，那人却在，灯火阑珊处。"以及夏元鼎的诗句"踏破铁鞋无觅处，得来全不费工夫。"都是对灵感闪现那一刻最生动的写照。

古希腊的诗人经常呼唤"缪斯"赐予他们灵感，帮助他们创作。而在中世纪的欧洲，人们认为灵感是上帝把真理直接注入人的大脑。他们认为创造力并不是人本身所具有的，而是某种外来的力量，是一种类似"守护神"的角色赋予了人类灵感。比如那时的人们普遍认为苏格拉底之所以如此充满智慧就是因为他拥有一位守护神。

古罗马也因循了这种思路，他们也认为那些擅长创作的人，不是他本人的力量，而是来自一种称为"精灵"的无形生物，而这些精灵就居住在艺术家工作室的墙壁里，时不时溜出来为艺术家提供帮助。

《蝴蝶夫人》的作者普契尼谈到自己的创作时说："这部歌剧的音乐是直接由上帝口述给我的，我只不过是功能性地将它写在纸上，然后分享给大众。"

极简主义大师蒙德里安则说："艺术家的地位非常卑微，基本上，他就是一个媒介。"

透过上述种种历史的记载可以看出，在很长时间里，灵感都很神秘，它到底能不能帮助我们解决问题呢？对此，存在两种误解。

一种误解是过于神化灵感的作用，将一切解决方案都寄希望于灵感，并认为灵感纯属偶然和随机出现，只能听天由命。另外一种误解则完全否定灵感的积极意义，只信奉通过各种流程来推动工作。

上述两种思路都失之偏颇。灵感是寻求问题答案的重要一环，我们应该怀着一颗谦逊的心，去了解灵感的真实面目。

首先我们了解一下灵感的定义，它是头脑中突然闪现的针对某一问题的独特解决方案或者方向。

大脑不仅仅是知识的存储器，更是激活知识和信息、进行知识创新的思维"反应场"。灵感的实质，其实是知识的重新组合，是大脑皮层的神经元细胞建立了新的联系。

脑科学认为，人的思维体系有两个重要的网络：中央执行网络和默认模式网络。前者是一种刻意努力思考的系统，而后者则是一种思维的定向漫游，也可以说是一种有指向性的思维发散。刻意努力和定向漫游的共同存在和转换，造就了灵感的产生。

现代脑科学的研究发现，要在解决问题的过程中获得灵感，有三个非常重要的因素，分别是日常的素材积累与深入思考、适当的休息和放松、一个偶然的诱因。

日常的素材积累与深入思考

人的大脑有一个重要的部分：前额叶皮质。它在人类进化过程中出现得相当晚，但它让认知变得有条理和有组织，尤其对制定目标和计划、做决定、预测自己和他人行为的结果以及控制冲动都很重要。然而，某种程度上，它也因为"太理性"而限制了大脑的自由发散——就好像在严肃的老师面前，学生们就会循规蹈矩一些，难以展示天真烂漫的一面。

大脑前额叶的理性思考，在某种程度上对获得灵感有一定的阻碍作用。但我们也应该认识到事情的另一面，即前额叶的理性思考对于灵感获得的方向性起到了关键作用。当我们思考问题的时候，前额叶让我们系统深入地思考，并同时给出明确的目标指向，这一点非常重要。我们只有长期沉浸在问题的思考状态中，才能形成和强化这样一种指向。

因此，灵感的产生少不了长期的努力。发明家爱迪生曾说过："天才，那就是一分灵感，加上九十九分汗水。"音乐家柴可夫斯基也说过："灵感是一个不喜欢拜访懒汉的客人。"灵感的产生是在一段时间的高强度思考之后的空闲时刻，问题刻意地转向了定向漫游，其实大脑并没有中断对问题的思考，只不过我们自己没有意识到。

日本动画大师宫崎骏在获得威尼斯影展"终身成就奖"时，记者问他电影中所有奇幻人物的灵感来源，他说："都来自日常生活中所感受到的人物。"

作家赖声川在谈到创意的产生过程时说："我注意到一个重要的点：催化结合的元素都是事先存储在我脑海中的。没有任何元素是'空降'到我体内的。而如果这些元素没有储存在我的脑海中，催化剂也不可能催化出这样的反应。"

化学家凯库勒说自己在梦中获得灵感，画出了苯分子的环式结构。于是有一些人在傍晚雇了马车，让马车在大街上慢慢行驶，希望能进入梦中并期待奇迹发生。然而，他们未能捕捉到任何伟大的发现，因为他们没有了解到灵感产生的背景——凯库勒在被梦境启示之前，花了很长时间研究苯分子的结构。

踏破铁鞋无觅处，得来全不费工夫。看似不费工夫的灵感，如果没有"踏破铁鞋"的铺垫是很难得到的。

适当的休息和放松

实践证明，人最容易产生灵感的地方一般是马桶上、浴室里、车上、床上。为什么呢？因为在这些场景下，人处于相对放松的状态。为什么人会在放松的状态下突然获得灵感？有两个主要的原因：

首先，长时间工作和专注思考某个问题会造成大脑中的血液缺氧，使思维变得迟钝。这时停止工作或者思考让大脑轻松一下，或者将思考转移到另外的问题上，大脑血液中的含氧量就会增加，思维就会随之清醒、敏捷，从而产生灵感。尤其值得一提的是，很多名人是在散步的时候获得灵感的。从生理学的角度来看，散步能激发大脑的活力，血流量的增加会促进脑部的变化，包括分泌出脑源性神经营养因子BDNF和其他生长因子。它们能促进新神经元的产生和新突触的形成，还能强化现有的突触。达尔文家门口有一条长达400米的沙路，这是他边走路边思考的地方。查尔斯·狄更斯每天下午散步三个小时，产生过很多写作灵感。柴可夫斯基每天要花两个小时散步，一分钟都不能少，否则就认为自己会生病。与其说他们在散步，不如说他们在为灵感的产生创造合适的条件。

另外一个原因是，大脑在放松状态下，前额叶对人的思维束缚降低，脑的内部那种发散性的趋势得到了加强，大脑神经元能够按照另外一种方式活跃，产生新的连接，催生创意，获取灵感。便利贴的发明人亚瑟·傅莱也说："我会从有意识的思考中跳脱出来，将问题交给潜意识去思考。这样大脑就会放宽搜索范围，从存储的其他信息中寻找新的结合点。"

一个偶然的诱因

很多情况下，灵感的产生需要外界某种因素的触发，称为启发式灵感。这种情况常常是由于一个具有隐喻性质的其他事物的启发而产生了某种想法。法国医生勒内·雷纳克看到两个孩子正在做游戏：一个孩子在空心长木棍的前端用别针刮擦，另一个孩子把耳朵贴在木棍的另一端听。雷纳克发现这根木棍能够放大声音，由此产生灵感，发明了听诊器。在这个案例中，孩子们的行为就是触发物。

触发物往往是很随机的，因为其本身的某个属性让人的思维中最有价值的相关性闪现出来。它可能是你看到的一个物品，可能是身边人说的一句话，也可能是电视上的一个广告，还可能是脑子里闪现的某件往事……

耐克的广告语"Just do it"简洁有力，在耐克的品牌塑造上功不可没，已经成为耐克的标志性口号。而这句话竟然出自一位死刑犯之口。

故事要追溯到1980年，当时全美最大的两家体育品牌商是耐克和锐步。起初，耐克由于在男性运动装备上更加专注，因而获得了大量男士的青睐，占据了不错的市场份额，但也因此错失了女性市场的机会。1985年，美国女性有氧运动开始逐渐兴起，竞争对手锐步抓住这个机会，专注女性市场，生产了大量符合女性审美的服饰，这也让他们的市场份额不断提升，并且在1987年各项指标全部超越耐克，成为了全球最大的体育厂商。

无奈之下，耐克只好委托W+K广告公司为他们设计一条全新的广告语，以扩大公司的影响力。接受这项任务的是著名广告师丹·威登，耐克要求这条广告语最关键的地方是要让女性也能够产生共鸣。

这对于丹·威登是一个不小的挑战。直到与耐克负责人会面的前一天晚上，他仍旧毫无头绪。冥思苦想之间，他突然想到了在1970年时美国发生的一起特殊案件：一位名叫加里·吉尔摩的美国人涉嫌抢劫并且谋杀了两个人，被判处了10年的监禁，但是在出狱之后，他依旧不知悔改，再一次作案并杀人，即便死者已经十分配合他的要求，却依旧被他残忍地杀害。第二次入狱时，美国已经重新恢复了死刑判决，加里·吉尔摩也就理所应当地成为了第一个被判处死刑的人。在行刑之前，警察询问他还有什么遗言，他却说了一句："Let's do it！"

这句听起来十分洒脱的话语，让丹·威登很快就决定以此作为自己的设计原型。在第二天面见耐克负责人时，丹·威登将广告语修改为"Just do it"。这条广告语最终赢得了耐克老板的青睐，成为了耐克公司永恒的经典！

由此可见，我们要获得更多灵感，并非束手无策。通过了解灵感产生的原理，采取主动的措施，以及对状态进行调整，我们完全可以让灵感来得更容易一些。

然而，灵感具有突如其来和稍纵即逝的特点，所以要注意随时记录捕捉。

明末文人金圣叹说："饭前思得一文，未及作，饭后作之，则为另一文，前文已不可得。"托尔斯泰也说："身边永远要带着铅笔和笔记本，读书和谈话时想到一些美好的地方，要把它记下来"。果戈理有一本厚达四百多页的"万宝全书"，里面什么内容都有，上至天文地理，下至生活琐事。有时他外出散步，如果听到或者临时想起什么趣事，就会快速跑回家，翻开这本"万宝全书"记下来。科学家贝弗里奇也认为，随手携带纸笔是"捕捉灵感的一个好办法"。

而有些人的灵感常常在入睡的时候闪现，那么该如何记录呢？

超现实主义画家萨尔瓦多·达利以探索潜意识著称，他发现自己在半梦半醒的时候灵感最多。为了捕捉这些灵感，他躺在床上休息时，会在手里拿一把勺子伸到床沿外，地上放一个盘子。当他即将入睡时，小勺子就会掉落并发出声音，以便他立即记录此刻头脑中的灵感。

灵感的捕捉并不容易，因此对于灵感的记录和保存也非常重要。

《蓝色多瑙河圆舞曲》是奥地利著名音乐家小约翰·施特劳斯的作品，他被誉为"圆舞曲之王"。创作于1866年的这首曲目被称为"奥地利的第二国歌"。此曲还被称为"谱写在衣袖上的名曲"，这是为何呢？

1866 年，奥地利在与普鲁士的战争中遭到惨败，整个国家的人民都陷入了沉闷、悲观和失望的情绪中。为了摆脱这种情绪，激励民众，维也纳合唱会的指挥赫贝克邀请小约翰·施特劳斯创作一支"象征维也纳生命活力"的合唱曲。

小约翰·施特劳斯一直没有忘记自己的重任，反复酝酿着这个作品。1868 年 2 月，他在离家不远的多瑙河边散步时，突然灵感来袭，他将即兴创作的管弦乐曲的五线谱写在了自己衬衣的衣袖上。

回到家后，小约翰·施特劳斯换下了那件衬衣。他的妻子发现了这件衬衣，当即明白这是丈夫在灵感进发时记录下来的作品，便将这件衬衣单独放在一边。可一转身没多久，却发现这件衬衣不见了。原来，在她离开的片刻之间，洗衣妇把它连同其他脏衣服一起带走了。她并不知道这个洗衣妇住在哪里，因此她就坐车四处寻找，奔波了半天，始终没有找到。在她陷入绝望之际，幸好一位酒店里的老妇人把她带到了那个洗衣妇的小屋，正好看见洗衣妇正准备把那件衬衣丢进盛满肥皂水的桶里。她冲进去，一把抓住洗衣妇的手臂，抢下了那件衬衣，挽救了衣袖上的不朽名曲——《蓝色多瑙河圆舞曲》。

如今，科技使记录灵感变得更加方便，大多数人将手机视为必需品。可以毫不夸张地说，手机几乎已经成为我们身体的一部分。因此，当我们有灵感时，随时拿起手机记录下来便是一个不错的方法。通过持续记录，我们可能会积累许多"突发奇想"和"灵机一动"，这些记录对我们的工作和生活可能具有重大影响。

同时，手机也具有备份和云存储的功能，这样我们就不会轻易丢失这些珍贵的记忆。

在探讨灵感时，常常会涉及另一个类似的概念——直觉。关于直觉，本书第五章曾经分析过其优缺点。而在这里，我们将讨论直觉和灵感之间的联系和区别。

直觉与灵感之间存在着难以言明的关系，在某些情况下，很难分辨何为直觉，何为灵感。总体而言，它们之间有以下大致区别：

时间特征：灵感思维通常需要经历长时间的潜意识过程才能得到问题的解答，而直觉思维则能在面对问题时即时产生解答。

解决问题的可能性：灵感思维的出现往往意味着问题的解决，其解答可能性相对较高；而直觉思维则更像是对问题的感觉和判断，解答可能性相对较低。

信息来源：灵感思维常常需要偶然信息的刺激才能产生解答，而直觉思维则是直接面对问题得出解答。

灵感思维与直觉思维又有相互联系，有时直觉思维为灵感思维提供感性基础，使得我们在苦思冥想后豁然开朗；而有时灵感思维又是直觉思维的特例，帮助思维主体迅速抓住问题的核心。

主动驾驭观察力，世界别有洞天

所有问题都不是空中楼阁，它们都建立在客观世界的基础上。一个人不论是想更敏锐地发现真正的问题，还是希望另辟蹊径找到更好的答案，观察力都是不可或缺的。

同样是描述眼睛，有两个成语分别是"眼大无神"和"目光如炬"，前者描述一个人没有真正去看世界，而后者则说明一个人具有犀利的观察力。可见，是否能够真正"看"世界，人与人之间的差别是很大的。

人通过各种感官，尤其是视觉，从外界获取信息。但由于外界信息的庞杂性，加上感官本身的限制，人不可能获取所有信息。在人类数千年的发展历程中，大脑学会了只去摄取那些明显与自身目标、安全等重要选择相关的关键信息，而屏蔽一些相对不那么重要的信息。

20世纪初，心理学家曾设计了一项精妙的心理学实验：研究人员让若干身穿黑色和白色服装的运动员在无规则移动中互相传递篮球，并拍成影像。实验要求受试者在观看影像后，精确数出身穿白色服装的运动员传球的次数。影像时间不到一分钟。观看结束后，大多数受试者的答案基本正确。可这并不是重点，数传球次数只是为了让受试者把注意力放在运动员身上，实际上，除了运动员外，还有一个伪装成"大猩猩"的人从人群中缓慢穿过，并做出捶胸顿足的动作。令人惊讶的是，有50%的受试者完全没有注意到这只"大猩猩"，即便"大猩猩"在影像中存在了9秒之久。甚至有受试者在重复观看后，坚称自己看到的并非同一段影像。而在对照组中，受试者未被要求数篮球传递的次数，他们轻而易举地发现了"大猩猩"。

大猩猩实验还有一个"当代版"，网上有这样一个视频，在运动会上，一名身材火辣、穿着性感的女运动员背对观众冲刺跳高。影像播放后，画外音突然发问："刚才运动员身上的号码是多少？"显然，绝大多数人会将目光集中在运动员的火辣身材上，却很少有人会注意到她身上的号码牌。

观察力不仅包括视觉，还包括听觉。对于听觉而言，有一个被称为"鸡尾酒效应"的现象。在国外的鸡尾酒会上，人们三三两两聚在一起聊天，现场还有背景音乐，整体环境较为嘈杂。神经学家告诉我们，虽然我们的大脑接收了所有声音，但大多数会被过滤掉。但若有异常声音或明显与自己相关的声音，大脑会立即对其进行专门处理，并将情况提交给负责刻意思考的部分，以便我们察觉到。因此，在这种场合下，你可能不会留意到其他人的普通交流，但如果现场突然传来尖叫声，或者听到有人叫你，你的注意力会立即被吸引。

为什么大脑要这样做？因为大脑是身体最耗费能量的部分。如果大脑要分析所有看到、听到、闻到的信息，将给身体造成巨大负担。因此，为了节约能量，大脑会尽量减少这种负担。

了解了大脑的这一特性，我们可以在适当时候更主动地启动我们的观察力。多观察是积累现实素材和经验的基本途径，通过刻意观察自然就能提升鉴别力，发现并避免一些常识性错误。

苏东坡的《书戴嵩画牛》记载了这么一则故事：

蜀中有杜处士，好书画，所宝以百数。有戴嵩《牛》一轴，尤所爱，锦囊玉轴，常以自随。一日曝书画，有一牧童见之，拊掌大笑，曰："此画斗牛也，牛斗，力在角，尾搐入两股间。今乃掉尾而斗，谬矣！"处士笑而然之……

这个故事是说四川境内有个姓杜的读书人，爱好书画，他珍藏的书画作品有成百件。其中有一幅戴嵩画的《牛》，他特别喜爱，用锦囊盛起来，用玉石作画轴，经常随身携带着。有一天晾晒书画，一个牧童看到了这幅画，拊掌大笑说："这画上画的是角斗的牛呀，牛在角斗时力量集中在角上，尾巴夹在两条后腿中间，但这幅画却画成牛摇着尾巴斗角，画错了啊！"读书人笑了，认为牧童说得对。

苏轼也有类似的经历，他看到同时代最有名的花鸟画家黄筌画的雀，指出画中存在一些错误。他认为雀鸟的脚应该是展开的，因为当鸟缩颈时，脚就会展开；反之，当鸟缩足时，脖子就会伸长。飞行中的鸟类绝不会同时展开两只脚。笔者并未详细考究苏轼对飞鸟的说法是否全面准确，但这说明苏轼对飞鸟进行过观察，并总结出一些共性和规律。

笔者平时很喜欢逛商场。逛商场可以了解社会经济的发展情况，可以积累很多直接的素材，也能产生很多直接的感受。在疫情期间，笔者注意到宠物店，尤其是猫店在商场的开业数量明显增多。这促使笔者进一步探究其背后的原因，经过调查发现，疫情期间人们的宅经济需求增加，有很多年轻人面临着经济压力暂时无法结婚生育，而宠物的陪伴弥补了他们的部分精神需求。另外，在2023年，笔者发现商场内自动售卖彩票的店铺如雨后春笋般涌现，此外还有专门售卖解压玩具的商店。结合这些现象，可以探究人们在经济低迷时期的消费心理。

歌德曾说："思考比了解更有意思，但比不上观察。"或许原因在于观察是思考的基础，同时也能获取源源不断的新信息。

观察可以分为无意观察和刻意观察。无意观察是在偶然的情况下进行观察，而刻意观察则是带有某种目的的有意识观察。美国作家梭罗曾说："人们只能看到自己关心的事物。"如果我们不刻意练习，仅依赖观察力的"自动驾驶"，很可能会错过许多有用的信息。

在观察外界事物时，我们应该留意那些看起来不同寻常的事情，这正是"事出反常必有妖"的道理所在。

一战期间，法国和德国在战场上陷入了僵持，双方都在阵地上修建工事，以应对持久战。为了安全起见，法国将他们的司令部建在地下。

那段时间，德军的一位参谋长每天都会站在阵地前，拿着望远镜观察法军的情况。有一天，他突然发现一个坟墓上每天都会有一只猫在晒太阳。经过仔细观察，他发现那是一只名贵的波斯猫！

波斯猫一般是作为宠物饲养的，猫出现在战场意味着什么呢？那个地方肯定有人在，而且很有可能是法军，不会有其他人。这位参谋长将这一发现汇报给了上级，德军将领对此非常重视，立即调整炮兵营，并对波斯猫所在的位置开炮！

事实证明，德军的判断是准确的，法军的前线指挥部就这样被摧毁了！

这个案例说明了观察不仅需要"观"还需要"察"，即观察的同时也需要进行思考。观察和思考必须结合在一起，否则就是"眼大无神"了。

观察力的另一种刻意练习是在我们习以为常的环境中寻找新的信息，这有助于我们发现问题并解决问题。

哈佛大学艺术与建筑史教授詹妮弗·罗伯茨要求她的学生花费大量时间仔细观察某个作品实物，而在此过程中禁止做其他事情。一开始，学生们可能会抱怨，他们认为只是盯着一件作品看，并不需要花那么多时间，但当他们被迫去做了以后，他们承认这个过程给他们带来的变化深深震撼了他们。

詹妮弗·罗伯茨以一幅1765年的画作为案例分享了自己的经验，这是约翰·辛格尔顿·科普利的作品，名为《男孩与飞鼠》。她说："我花了9分钟才注意到男孩耳朵的形状，刚好呼应了飞鼠腹部的毛发，而这说明了作者想要在动物与人之间建立某种感官上的联系。21分钟后我才意识到，男孩拿着链子的手刚好比画出了手下玻璃杯的直径。45分钟后我才发现，背景窗帘上的褶皱虽然看起来杂乱无章，实际上却完美地契合了男孩耳朵和眼睛的形状，就好像在科普利的想象中，是这些感官组合成了男孩身后的背景。"

虽然如此耐心地观察一幅画并非每个人都能做到，但试着多加观察身边的人和事却是容易实现的。

笔者在某高校讲授《创新思维》课程时，曾在课堂上问学生是否在学校内看见过富兰克林的某句格言，几十个学生中没有一个说看到过。而实际上，教室外的走廊墙上就写着那句话。

于是笔者安排全班同学利用半节课的时间到校园里散步，让他们可以去校园内任何允许去的地方，但要求在散步时刻意观察校园各处的细节。

回到教室后，大家都感到兴奋。因为这个貌似非常熟悉的校园，竟然蕴含着无数他们平时忽略的细节。有人说，看到人行道地砖的花纹非常漂亮；有人说，从未注意到学校池塘里的两只黑天鹅；还有人说，在宿舍的阳台上有一个特殊的角度可以看到本市最高的楼。

诚然，我们无法时刻像间谍那样探究周围的每一个细节，那样做不符合人的生物本能，会让人感到非常疲惫。但我们可以通过某些行为主动提升自己的观察力，不要完全让大脑"自动驾驶"。毕竟，"自动驾驶"是基于人类数千年的经验形成的满足基本生存需求的模式，如果我们希望成为问题的发现者和解决者，就应该在某些时候"人工介入"。

从现在开始，让自己成为一个热爱观察的人吧，通过视觉、听觉、嗅觉更主动地感知这个世界，并带着一些问题，比如"有什么新的现象？""为什么会这样？""这里有没有什么不正常的地方？"等等。在这样的过程中，或许会发现新的问题，或者激发新的思路。

搬石头还是修教堂

不可否认，在许多情况下，人们是被迫去解决各种问题的，这种状态类似于人们通常所说的"搬砖"——为了生计而从事某项工作。

然而，要成为一个真正的"问题解决高手"，如果其中缺乏乐趣的成分，潜力就很难得到充分发挥——很难想象一位专家完全是被迫成为专家，并被迫解决各种的问题。

真正的问题解决高手，一定是发自内心地想去做一些事情，想去解决一些问题，并以此为乐。只有这样，他们大脑中的神经元才会更多地被激活，彼此间才会建立更多连接，并分泌更多让自身感到愉悦的化学物质，形成一个正向的反馈循环，激励他们不断奋斗、产生新想法、探索未知、攻克难题。

如果我们不确定自己所从事的是工作还是娱乐，那么在自己的领域取得成功的机会将大大增加。青年科学家海姆和诺沃肖诺夫因在石墨烯领域取得突破性实验进展而共同获得2010年诺贝尔物理学奖。有趣的是，人们发现海姆曾在2000年获得搞笑诺贝尔物理学奖，原因是他与合作者利用磁性克服了重力，将一只青蛙悬浮在空中。他最初的目标仅仅是想弄清楚一只青蛙能否悬浮在空中，无论这件事是否能为他带来实际利益。让青蛙飘起来就是他纯粹的、唯一的、没有实用价值的目标。然而，正是因为怀着这种乐趣去研究，他才能全身心投入研究并获得持续动力。

创新理论家克里斯坦森在 2020 年出版的《你要如何衡量你的人生》中提出了一个重要问题："你是如何在工作中持续获得快乐的？"实际上，这个问题值得每个职场人士特别是管理者思考。如果一个人在工作中能寻找到"快乐"，他的潜力将被激发，解决问题的意愿和能力也会提高，这个人的价值也会在无形中提升。企业可以通过制度、文化和合理的用人措施培养更多的"问题解决高手"，使企业充满活力。

因此，即使是一个学生，也应该思考自己是否在学习中得到了"快乐"。当然，这里的快乐并不是肤浅的感官享受，而是一种主动的精神追求。这种超越表面快乐的高层次精神愉悦状态，或许就是"心流"——沉浸在某个全心投入的领域中。心流非常准确地描述了人们在解决某个问题的过程中那种"忘乎所以"的状态，他们忘记了时间，忘记了周围的环境，感觉自己与他们研究的事物融为一体。这种状态是一种非常高级的愉悦感。

心流状态无疑是令人向往的，从更宏观的视角来看，一个人如何能更多地进入这种状态呢？与上文提到的好奇心、愉悦感等因素相比，使命感可能是我们克服各种困难、解决问题的终极武器。一旦真正找到了自己的使命感，生命的激情将被点燃，大脑将被充分调动，工作效率也会显著提高，甚至更容易获得灵感，心流也更频繁地光顾我们。

有一个寓言故事讲述了这样一个情景。两位青年正在抬石头修建教堂，一位智者走过来问道："你们在做什么？"一个青年回答说："我们在搬石头。"而另一个青年则说："我们在修建教堂。"50年后，那位回答搬石头的人仍然在搬石头，而那位回答修建教堂的人已经成为了一位哲学家。故事中的隐喻表达了一个深刻的道理，即后者知道工作不仅仅是工作，还肩负着一种使命，因此能够在认知和成就上达到更高的境界。

使命感通常超越了个人利益，它能够在内心引发崇高的情感，并提高个人的自信心。举个例子，如果我们进行演讲时只关心个人形象问题，可能会感到非常紧张，生怕出错。但如果我们的目标是向一群患者介绍一种极为有效的治疗方法，我们的强烈愿望是帮助到他们，那么我们就不会太在意个人表现，而更关注自己的行动对他们产生的实际影响。

从长远来看，使命感与具体目标是不同的。使命感侧重于追求一种被称作"使命"的东西，往往是一种难以轻易实现的良好愿景。这种愿景就像是虔诚信徒心目中的圣城一样，它赋予追随者克服各种困难和不确定因素的力量。

神经生物学认为，使命感可以降低大脑内部杏仁核的活动水平。当杏仁核的活动减少，人们的压力感也会降低，从而减轻焦虑感，提高幸福指数和活力指数。一份来自国外某研究机构的报告显示，那些具备强烈生活意义感，也就是我们所说的拥有使命感的人，其脑组织受损的风险比对照组低了44%。

对于企业而言，使命感的存在是激发员工活力的法宝，这也是为什么伟大的企业必然拥有卓越的企业文化。稻盛和夫曾说："只有在集团内部确立崇高深远的愿景和使命，集团成员和领导者才能获得源源不断的动力，在事业中不断努力，精益求精。"

让大脑永远处于"年轻态"

汽车需要保养，除了在使用时避免暴力驾驶和危险驾驶，还需要定期更换机油、清理积碳、检查胎压、补充雨刮水等。对于我们的大脑来说，道理也是类似的，但很多人缺乏这种意识。

首先，身心是相互关联的。虽然我们的大脑位于身体最顶端，但它并非孤立的存在。大脑除了需要氧气、糖分等基本物质供应之外，其运行状态与身体的状态密切相关。身体的整体状况会影响大脑的思维能力，而大脑的思维活动也会影响整个身体的健康。

研究发现，坚持体育锻炼的人在事业和学习上容易取得更大的成就。其中一个重要原因是，在体育运动中，人们不断自我激励，追求更好的成绩，挑战困难的思维和行为模式，并将这种积极态度自然地延伸到工作和学习中，从而不断取得新的成就。

然而，许多人为了实现自己的目标，不顾身体的承受能力，长期处于超负荷运转的状态。虽然这种为了解决问题的决心值得尊重，但这种行为是不可取的。相比于仅仅解决问题，我们更应该珍惜自己的身体和大脑，科学地利用它们，合理安排时间，积极锻炼，使得身心始终保持健康和活力。只有这样，我们才能从更长远的角度获得丰厚的回报，就如同古人所说的"留得青山在，不怕没柴烧"。

与工作相比，娱乐似乎更容易引起负罪感，尤其是游戏。然而，我们应该明白，娱乐与工作并不对立，娱乐的反面实际上是沮丧。作为问题解决者，如果我们处于沮丧的状态，那才真的是一件让人沮丧的事情。为了让生活更有光彩，娱乐无疑是必不可少的。

在20世纪三四十年代的福特汽车公司，哼歌、吹口哨和笑声被视为违纪行为。当时有员工因为和同事谈笑导致生产线延误了半分钟而被解雇。亨利·福特曾明确表示"工作就好好工作，玩耍时就痛快玩耍。不应将两者混为一谈"。看到这样的说法，你是不是觉得特别耳熟？没错，我们从小就被这样教导。

在工业时代，严谨刻板的工作态度无疑具有现实意义。然而，在新时代下，资源的利用效率需要提升，而对人的价值挖掘也不能只是将人当作执行单调动作的机器。如何让内在的活力得到更大的发挥，以产生更多创造力？娱乐和工作的结合变得更加重要。

一个缺乏娱乐精神的人，解决问题的能力会大打折扣。

许多欧美知名公司已经逐渐认识到娱乐对于提升人们创造力和工作效率的重要性。他们开始在业务培训中心采用乐高积木等轻松有趣的方式，让员工在愉快的氛围中了解和掌握培训内容。这种方式在国内的培训领域中也越来越常见。英国航空公司还设立了"公司娱乐长"，专门负责为公司带来更多欢笑。《娱乐伦理》一书的作者帕特·凯恩说："娱乐在21世纪的重要性，就像劳动在过去300年的工业时代中发挥的重要作用一样。在21世纪，娱乐将成为我们认知、行动和创造价值的主要方式。"

那么，如何在生活中提升娱乐感呢？关键词是"游戏"和"幽默"。

在当今时代，游戏通常与电脑游戏等同起来。然而，从本质上看，游戏是很广泛的概念，包括与孩子一起玩的躲猫猫、女孩喜欢的"跳房子"，甚至原始人互相打闹的活动都可以归类为游戏。

我们这里就选择以电脑游戏为例进行讨论，以便更具针对性地探讨游戏的本质。社会上普遍存在一种焦虑，认为电脑游戏会影响个人智力并阻碍社会发展。那么游戏真的应该背负这样的罪名吗？

认真了解游戏，我们会发现游戏都有一套完善的学习规则。游戏设定明确的目标，玩家需要激发学习能力、创意和勇气，从而实现目标。玩家在游戏过程中不断学习，大脑的潜力也被激发。根据《自然》杂志2003年的一篇文章，在视觉感知测试中，游戏玩家的平均得分比非游戏玩家高30%——他们通过游戏提高了对环境中各种信息的处理能力。甚至在医疗行业中，每周玩游戏超过3小时的医生比不玩游戏的医生在腹腔镜手术方面的出错率低37%，速度也快27%。

游戏为什么会给公众带来强烈的负面联想呢？某些游戏制作方负有不可推卸的责任，他们在游戏中宣扬暴力，并通过一些诱人的设计让人们，尤其是青少年，沉迷其中。因此，我们每个人都需要合理控制自己的行为。就像美食虽然有益于身心健康，但是如果过度食用，也会对胃部造成伤害。如果商家为了销售更多的美食，添加了违规成分，那就更加不可取了。但美食本身并没有错，游戏本身也没有错。

在2021年11月7日凌晨的英雄联盟2021全球总决赛（S11）中，中国大陆赛区的EDG战队逆转局势夺冠，战胜了韩国赛区的DK战队，引发了全国范围内电竞粉丝的狂欢。即使没有玩游戏的人，也会在朋友圈被这个消息刷屏。

随着全球游戏产业创造惊人的价值，电竞正成为国际体育比赛的一部分，人们突然意识到游戏开始成为人类生活中不可或缺的伴侣。

未来游戏的发展不再局限于简单的任务完成和暴力打斗，它将融合艺术、设计、数学和心理学等多种学科。有业内人士表示，"做游戏不再是简单的编程，而是越来越像艺术的载体"。

除了游戏，幽默的态度也同样重要。虽然并非每个人都有幽默感，但幽默能够促使人们以轻松的心态面对问题。

幽默为何能让人发笑？因为它在预料之外，却在情理之中。搞笑的段子，诙谐的语句，正是利用双关、对比等手法，将我们熟悉的事物调换位置，从而令我们觉得有趣。

幽默让我们看到突破常规的妙处，又能让我们的大脑神经不再紧绷，还能促进人际关系更加融洽。这一切都有助于更好地解决问题，何乐而不为呢？

近几年，年轻人喜欢观看脱口秀节目，这些节目中的笑料源于生活，令人捧腹大笑。观众中既有CEO、程序员、服务员、机械师，也有市场专员等各行各业的人。笑一笑十年少，希望我们每个人都能在欢声笑语中成为始终保持"年轻态"的问题解决高手！

后　记

　　本书的创作告一段落，我既有一种"大功告成"的愉悦，也有一种"如履薄冰"的担忧。愉悦的是，经过几年的积累和打磨，本书总算得以与读者朋友见面。而担忧的是，本书所呈现的内容，是否能够给读者带来真正的价值。

　　本书之所以能够产生，其实是我在创新思维解决问题这个领域不断学习、不断深挖之后，一种自然而然的迸发。这几年，我广泛涉猎了各种相关书籍，跨越不同学科领域，接受各种启发，并逐渐形成了自己的思维框架。此后，通过持续吸纳、补充、对比、调整以及摒弃，将我的成果以这本书的形式呈现出来。

　　在本书的创作过程中，我最大的感悟是创新创造、解决问题这些话题，深究本质的话，其实就是关于人类生存发展相关的智慧。所以，我在研究的过程中，常常会因为在思维上受到某些启发而禁不住拍案叫绝，也常常因为看透了不同领域之间的内在关联而豁然开朗。这些让人感到充实、愉悦的时刻，使我产生了一种内驱力，想要把自己看见的风景和大家分享！尤其是和年轻人分享。如果有更多的人能够重视对自己思维方式的迭代升级，我们整个社会的效能将会提高多少啊！

　　写作的过程是漫长的。有时候，我会孜孜以求地连续工作十多天，有时候又偃旗息鼓置之不理。如此反反复复，当初稿形成时回首一望，倒觉得自己虽然"三天打鱼两天晒网"，但总归是到达了一个从未到达的小岛。感觉自己就像一个乌龟慢慢爬行，终于也能到达一个小山丘的山顶。如果再自我美化一下，或许可以叫作"慢工出细活"。

虽然我是本书的唯一作者，但本书的出版离不开很多人的帮助、鼓励和支持。

首先要感谢电子工业出版社的钱维扬编辑，他高度认可了本书的价值，并积极推动本书的正式出版。

我要感谢我的家人们，尤其是朝夕相处的爱人和儿子。感谢爱人对我的理解、鼓励、包容和照顾。感谢儿子周子越，他是我的"全天候伙伴"，我们几乎无话不谈，他的的各种奇思妙想给了我很多灵感。他的阶段性询问"书写得怎么样了？"是对我的有力鞭策。

我还要感谢深圳这座城市，它是一间硕大的教室，并且每时每刻都在散发活力，让我近距离接触了无数创新解决问题的真实案例。

特别感谢广大读者，感谢你们阅读本书，希望本书没有辜负你们宝贵的时间，期待来自你们的反馈。

最后，我要感谢爱猫"黑格耳"。它"傻狗"一般的气质，无疑促进我的大脑分泌了更多催产素等有益神经递质，对稳定情绪坚持写作大有裨益。